Orientação à Assistência e Promoção Social Espírita

Federação Espírita Brasileira

Orientação à Assistência e Promoção Social Espírita

Organização:
Coordenação Nacional da Área de Assistência e Promoção Social Espírita do Conselho Federativo Nacional da FEB

Copyright © 2018 *by*
FEDERAÇÃO ESPÍRITA BRASILEIRA – FEB

1ª edição – Impressão pequenas tiragens – 6/2025

ISBN 978-85-9466-133-3

Todos os direitos reservados. Nenhuma parte desta publicação pode ser reproduzida, armazenada ou transmitida, total ou parcialmente, por quaisquer métodos ou processos, sem autorização do detentor do *copyright*.

FEDERAÇÃO ESPÍRITA BRASILEIRA – FEB
SGAN 603 – Conjunto F – Avenida L2 Norte
70830-106 – Brasília (DF) – Brasil
www.febeditora.com.br
editorial@febnet.org.br
+55 61 2101 6161

Pedidos de livros à FEB
Comercial
Tel.: (61) 2101 6161 – comercial@febnet.org.br

Adquirindo esta obra, você está colaborando com as ações de assistência e promoção social da FEB e com o Movimento Espírita na divulgação do Evangelho de Jesus à luz do Espiritismo.

Dados Internacionais de Catalogação na Publicação (CIP)
(Federação Espírita Brasileira – Biblioteca de Obras Raras)

F293o   Federação Espírita Brasileira. Conselho Federativo Nacional

Orientação à assistência e promoção social espírita / organizado pela equipe da Coordenação nacional da Área de Assistência e Promoção Social Espírita do Conselho Federativo Nacional da FEB; Maria de Lourdes Pereira de Oliveira, coordenadora da equipe – 1. ed. – Impressão pequenas tiragens – Brasília: FEB, 2025.

90 p.; 25 cm

Inclui referências e glossário.

ISBN 978-85-9466-133-3

1. Assistência social espírita. I. Federação Espírita Brasileira. II. Título.

CDD 133.9
CDU 133.7
CDE 50.01.02

Equipe de elaboração:

Maria de Lourdes Pereira de Oliveira – Coordenadora Nacional da Área de Assistência e Promoção Social Espírita. José Carlos Silveira – Assessor da Área de Assistência e Promoção Social Espírita. Coordenadoras-adjuntas Nacionais da Área de Assistência e Promoção Social Espírita: Gislaine Messias de Lima e Márcia Regina Pini.

AGRADECIMENTO

Agradecemos a Deus, Nosso Pai, a Jesus e aos amigos espirituais sua intuição neste trabalho que a tantos irmãos pode esclarecer, amparar e direcionar ao Divino Amor. Na certeza de que a vida prossegue para além da experiência carnal, temos o dever de repartir o pão e as luzes com que o Cristo e seus emissários tanto nos beneficiam.

A coordenação nacional da Área de Assistência e Promoção Social Espírita (APSE) do Conselho Federativo Nacional da Federação Espírita Brasileira (CFN) agradece a todos os coordenadores regionais (Centro, Norte, Nordeste e Sul) e aos representantes estaduais da APSE sua participação na construção coletiva deste documento de orientação.

Maria de Lourdes Pereira de Oliveira

SUMÁRIO

Agradecimento 7
Exercício do bem 13
Pequeno estatuto do servidor da beneficência 15

Capítulo 1 Apresentação 17
    1.1 Justificativa 18
    1.2 Objetivo 19

Capítulo 2 Subsídios históricos 21
    2.1 A assistência através dos tempos 21
    2.2 Assistência antes do Cristo 21
    2.3 Assistência com o Cristo 22
    2.4 Assistência com o Espiritismo 23
    2.5 Assistência: da esmola à cidadania 23

Capítulo 3 A assistência social e a promoção social espírita 25
    3.1 Assistência social 25
    3.2 Promoção social 25
    3.3 Promoção social espírita 26

Capítulo 4 Fundamentação espírita 27

    4.1 Caridade: seu verdadeiro sentido 28

    4.2 Caridade: virtude maior 29

    4.3 Caridade e família 29

    4.4 Caridade e educação 30

    4.5 Caridade e solidariedade 30

    4.6 Caridade e esmola 31

    4.7 Caridade e Jesus 31

    4.8 Caridade e amor ao próximo 32

    4.9 Caridade sem ostentação 33

    4.10 Caridade e fraternidade 34

    4.11 Caridade e beneficência... 35

    4.12 Caridade e vida social 36

    4.13 Caridade e renúncia 36

    4.14 Caridade e assistência 37

    4.15 O espírita e a caridade 37

    4.16 Beneficência coletiva: o pensamento de Kardec 38

Capítulo 5 Método de referência.. 39

    5.1 A Parábola do bom samaritano 39

    5.2 Análise da Parábola do bom samaritano 40

Capítulo 6 Plano de ação... 45

    6.1 Objetivo 45

    6.2 Público alvo 45

        6.2.1 Famílias destinatárias 45

        6.2.2 Trabalhadores disponíveis —
a equipe da APSE... 47

    6.3 Atividades 47

        6.3.1 Acolhimento 47

6.3.2 Doação de gêneros alimentícios, vestuário, medicamentos, materiais e utilidades em geral 49

6.3.3 Grupos de orientação, encaminhamento e convivência 49

6.3.4 Grupos de estudo e convivência 50

6.3.5 Grupos de atividades, convivência e reflexão 50

6.3.6 Grupos de famílias, convivência e reflexão 54

6.3.7 Palestras socioeducativas 55

6.4 Organização e funcionamento 56

6.5 Registros documentais 57

6.6 Planejamento, cronograma e avaliação do trabalho 57

6.7 Recursos materiais disponíveis 58

    6.7.1 Local 58

    6.7.2 Recursos financeiros 58

    6.7.3 Recursos da comunidade 59

Capítulo 7 O trabalhador voluntário 61

7.1. Convite e formação continuada de trabalhadores 61

    7.1.1 Convite 61

    7.1.2. Formação continuada 62

7.2 Características a serem desenvolvidas pelos trabalhadores 64

7.3 Responsabilidades dos trabalhadores 64

Capítulo 8 Integração da APSE com as demais áreas do centro espírita 67

8.1 APSE e área de atendimento espiritual 68

8.2 APSE e área de estudos 68

8.3 APSE e área da mediunidade 68

8.4 APSE e áreas de educação, da família, de infância e juventude 69

8.5 APSE e área de comunicação social 69

8.6 APSE e área administrativa do centro espírita 69

Mensagem final 71

Leitura recomendada 73

Referências 75

Glossário 77

Anexo 1 Legislação básica da assistência social 79

    1.1 Fundamentos Constitucionais. Constituição
        Federal de 1988 79

    1.2 Fundamentos legais da assistência social 80

Anexo 2 Ficha de família 81

Anexo 3 Termo de Adesão ao Serviço Voluntário 85

EXERCÍCIO DO BEM[1]

Mas ajuntai tesouros no Céu, onde nem a traça nem a ferrugem consomem, e onde os ladrões não minam nem roubam (Mateus, 6:20).

Sede bons e caridosos: essa a chave que tendes em vossas mãos. Toda a eterna felicidade se contém nesse preceito: "Amai-vos uns aos outros"
(O evangelho segundo o espiritismo. Cap. 13, it. 12).

Comumente inventamos toda a espécie de pretextos para recusar os deveres que nos constrangem ao exercício do bem.

Amolentados no reconforto e instalados egoisticamente em vantagens pessoais, no imediatismo do mundo, não ignoramos que é preciso agir e servir na solidariedade humana, todavia, derramamos desculpas a rodo, escondendo teimosia e mascarando deserção.

» Confessamo-nos incompetentes.

» Alegamos cansaço.

» Afirmamo-nos sem tempo.

» Declaramo-nos enfermos.

» Destacamos a necessidade de vigilância na contenção do vício.

» Reclamamos cooperação.

Aqui e ali, empregamos expressões cronificadas que nos justifiquem a fuga, como sejam "muito difícil", "impossível", "melhor esperar", "vamos ver" e ponderamos vagamente quanto aos arrependimentos que nos amarguram o coração e

---

[1] XAVIER, F. C. *Livro da esperança*. Pelo Espírito Emmanuel. Uberaba (MG): Comunhão espírita Cristã, 1964. Cap. 37, Exercício do bem.

complicam a vida, à face de sentimentos, ideias, palavras e atos infelizes a que, em outras ocasiões, nos precipitamos de maneira impensada.

Na maioria das vezes, para o bem, exigimos o atendimento a preceitos e cálculos, enquanto que, para o mal, apenas de raro em raro, imaginamos consequências.

Entretanto, o conhecimento do bem para que o bem se realize é de tamanha importância que o Apóstolo Tiago afirma, no versículo 17 do capítulo 4 de sua carta no Evangelho: "Todo aquele que sabe fazer o bem e não o faz comete falta". E dezenove séculos depois dele, os instrutores desencarnados que supervisionaram a obra de Allan Kardec, desenvolveram o ensinamento ainda mais, explicando na questão 642, de *O livro dos espíritos*: "Cumpre ao homem fazer o bem, no limite de suas forças, porquanto responderá pelo mal que resulte de não haver praticado o bem".

O Espiritismo, dessa forma, definindo-se não apenas como sendo a religião da verdade e do amor, mas também da justiça e da responsabilidade, vem esclarecer-nos que responderemos, não só pelo mal que houvermos feito, mas, igualmente, pelo mal que decorra do nosso comodismo em não praticando o bem que nos cabe fazer.

EMMANUEL

PEQUENO ESTATUTO DO SERVIDOR DA BENEFICÊNCIA[2]

Amar ardentemente a caridade.

Colocar-se no lugar da criatura socorrida.

Considerar a situação constrangedora da pessoa menos feliz.

Amparar com discrição e gentileza.

Encontrar tempo para ouvir os necessitados.

Nunca ferir alguém com indagações ou observações inoportunas.

Abster-se de quaisquer exibições de superioridade.

Usar a máxima paciência para que o necessitado se interesse pelo auxílio que se lhe ofereça.

Jamais demonstrar qualquer estranheza ante os quadros de penúria ou delinquência, buscando compreender fraternalmente as provocações dos irmãos em sofrimento.

Aceitar de boa vontade a execução de serviços aparentemente humildes, como sejam carregar pacote, transmitir recados, efetuar tarefas de limpeza ou auxiliar na higiene de um enfermo, sempre que o seu concurso pessoal seja necessário.

Respeitar a dor alheia seja ela qual for.

Aceitar os hábitos e os pontos de vista da pessoa assistida, sem tentar impor as próprias ideias.

Tolerar com serenidade e sem revides quaisquer palavras de incompreensão ou de injúria que venha a receber.

Olvidar melindres pessoais.

Criar iniciativa para resolver os problemas de caráter urgente na obra assistencial.

Evitar cochichos ou grupinhos para comentários de feição pejorativa.

---

2 XAVIER, F. C. *Fonte de paz*. Espíritos diversos, São Paulo: IDE, cap. 16.

Estudar para ser mais útil.

Não apenas verificar os males que encontre, mas verificar-lhes as causas que se lhes faça a supressão justa. Cultivar sistematicamente a bênção da oração. Admitir os necessitados não somente na condição de pessoas que se candidatam a recolher os benefícios que lhes possamos prestar, mas também na qualidade de companheiros que nos fazem o favor de receber-nos assistência, promovendo e facilitando a nossa aproximação do Cristo de Deus.

EMMANUEL

CAPÍTULO 1

APRESENTAÇÃO

Este documento de orientação à APSE, que ora apresentamos ao movimento espírita, tem por escopo auxiliar as instituições espíritas em seu trabalho socioassistencial, a fim de que a assistência e promoção social espírita atinja suas finalidades, que são:

» Atender às pessoas e às famílias, em vulnerabilidade e risco social, que procuram o centro espírita, ou que, por algum modo, possam ser abrangidas pela ação comunitária desenvolvida pela instituição, conjugando-se a ajuda material, o socorro espiritual e a orientação moral-doutrinária, com vistas à sua promoção social e crescimento espiritual.[3]

» Proporcionar ao frequentador do centro espírita a oportunidade de praticar a caridade pela vivência do Evangelho, junto às pessoas e famílias em situação de vulnerabilidade e risco social.[4]

Não é, entretanto, um *manual*, uma vez que não se prende a detalhes, além de não se reportar a atividades muito técnicas de assistência social, como as *entrevistas* e as *visitas familiares*, que reclamariam dos trabalhadores conhecimentos específicos não essenciais ao trabalho desenvolvido pela grande maioria dos centros espíritas do Brasil. As visitas aos lares, realizadas pelos trabalhadores da casa espírita, são atividades de natureza fraterna, com propósitos apenas de acolhimento e estreitamento de vínculos.

Ressalte-se, ainda, que todas as orientações práticas aqui contidas, em especial as do capítulo 6, que define o plano de ação, devem ser consideradas simples sugestões, a serem utilizadas segundo as características e possibilidades do centro espírita. Apenas a fundamentação teórica deve permanecer como roteiro seguro para o trabalho, pois que embasada na Codificação Espírita e no Evangelho de Jesus.

---

3 FEDERAÇÃO ESPÍRITA BRASILEIRA. *Orientação ao centro espírita*. Cap. 8, it. 3-a.
4 Id. cap. 8, it. 3-b.

Finalmente, convém ressaltar que o conteúdo deste documento pode e deve ser aprimorado e enriquecido ao longo do tempo, à medida que forem sendo colhidas novas experiências com sua aplicação.

1.1 Justificativa

Como decorrência natural dos princípios doutrinários que norteiam suas atividades, o trabalho socioassistencial realizado pelo Movimento Espírita junto às populações em situação de vulnerabilidade e risco social mostra-se bastante amplo, indo desde a assistência eventual, com a distribuição de alimentos e roupas em bom estado até obras sociais de grande vulto. Sua esfera de ação, permeada pelo amparo espiritual e religioso, segundo os ensinos do Espiritismo, pode, ainda, relacionar-se diretamente com o Poder Público, por meio de registros do centro espírita em órgãos governamentais.

Dentro do trabalho solidário de colaborar com as atividades desenvolvidas pelos centros e demais instituições espíritas, o Conselho Federativo Nacional da FEB, que reúne entidades federativas de todos os Estados do país, aprovou diretrizes e recomendações que constam dos documentos *A adequação do centro espírita para o melhor atendimento de suas finalidades (ACE)* e *Orientação ao centro espírita (OCE)*.

Em relação à assistência e promoção social espírita, como uma das atividades básicas do centro espírita, é recomendado o seguinte:

> Promover a assistência e promoção social espírita, [...] assegurando suas características beneficentes, preventivas e promocionais, conjugando a ajuda material e espiritual, fazendo com que este serviço se desenvolva concomitantemente com o atendimento às necessidades de evangelização [...]. (*OCE*, anexo 1, it. II-h).

A Assistência e Promoção Social Espírita "[...] deve ser realizada sem imposições, de forma integrada, com orientação doutrinária e assistência espiritual, de modo que possa constituir-se em um dos meios para a libertação espiritual do homem, finalidade primordial da Doutrina Espírita (*OCE*, cap. 8, it. 4-a).

Tendo em vista a amplitude e a diversificação dos assuntos atinentes a esse trabalho, foi criada, em 1996, no âmbito das Comissões Regionais, a Área do Serviço de Assistência e Promoção Social Espírita – SAPSE, com o objetivo de organizar, de forma integrada com as Entidades Federativas, as atividades de apoio ao centro espírita para o cumprimento de suas finalidades, de forma compatível com as recomendações contidas nos textos supracitados. Atualmente, por deliberação do Conselho Federativo Nacional, a Área do SAPSE passou a denominar-se Área de Assistência e Promoção Social Espírita – APSE.

No decorrer dos trabalhos das Comissões Regionais, logo se evidenciou a necessidade de ser elaborado um documento de apoio para as atividades socioassistenciais do centro espírita. Essa tarefa passou, então, a ser executada e representou o esforço comum de irmãos e irmãs em todo o território nacional. Uma vasta bibliografia foi consultada e procurou-se dar atenção especial às experiências significativas relatadas pelas Federativas Estaduais. As recomendações do CFN da FEB constantes do opúsculo *Orientação ao centro espírita (OCE)* serviram de diretrizes para a elaboração do trabalho, o qual, em síntese, se propõe a desenvolver e a explicitar as orientações e recomendações contidas naquele opúsculo.

1.2 Objetivo

Este documento tem por objetivo oferecer orientação à área da Assistência e Promoção Social Espírita – APSE, tanto no que diz respeito ao conteúdo doutrinário espírita quanto em relação ao método de ação e às atividades a serem realizadas nesse trabalho pelos centros espíritas em todo o território nacional.

CAPÍTULO 2

SUBSÍDIOS HISTÓRICOS

Para melhor compreensão da abrangência do amparo social aos mais necessitados, veremos, a seguir, alguns marcos históricos.

2.1 A assistência através dos tempos

A assistência às pessoas em situação de vulnerabilidade e risco social é encontrada em todas as civilizações desde a mais remota antiguidade.

2.2 Assistência antes do Cristo

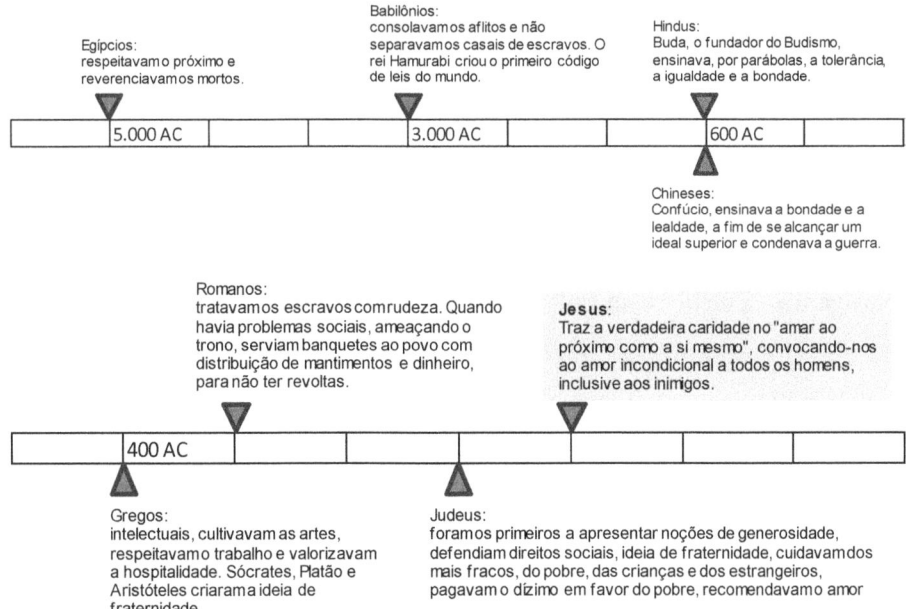

2.3 Assistência com o Cristo

Com Jesus Cristo, a assistência aparece em cada ato:

» Alcança todos os homens: escravos, inimigos e perseguidos;

» Vai além do campo material, atendendo também às necessidades morais e espirituais, visando ao corpo e à alma;

» Aumenta e leva a todos os conceitos de justiça e de fraternidade.

O Evangelho de Jesus é a base para a verdadeira caridade, traz o conceito de amor ao próximo como a maior virtude, conforme se pode notar nos seus ensinos:

» *Parábola do bom samaritano* (*Lucas*, 10:25 a 37).

» "Tudo o que quereis que os homens vos façam, fazei também a eles." (*Mateus*, 7:12).

» "Tratai todos os homens como quereríeis que eles vos tratassem." (*Lucas*, 6:31).

» O que é necessário para salvar-se (*Mateus*, 25:31 a 46).

» O amor aos inimigos (*Mateus*, 5:43 a 47; *Lucas* 6:32 a 36).

A casa dos apóstolos, em Jerusalém (a igreja do caminho), prestava socorro aos necessitados, com carinho e dedicação. Atendia loucos, anciãos abandonados, crianças famintas e servia sopa aos mendigos. A palavra evangélica era transmitida a todos com muito amor.

Mais tarde surgiram hospedarias para viajantes, abrigos[5] para idosos, doentes e indigentes,[6] creches e ambulatórios.

Em Constantinopla (ano 312), foi criado por Santa Helena o primeiro hospital cristão.

No século XVII, São Vicente de Paulo criou a visita à casa dos pobres, para melhor conhecer as suas necessidades e problemas.

---

5 Na contemporaneidade, frente às políticas públicas, o termo "abrigo" foi substituído por "casas de acolhimento", de acordo com a Política Nacional de Assistência Social – PNAS.
6 O termo indigente já foi substituído pela terminologia "pessoa em situação de indigência", visto que o irmão "está em situação de"; trata-se de um estado e não de uma concepção de ser, podendo, portanto, haver superação, transformação.

No Brasil, por volta de 1550, Nóbrega e Anchieta, vindos de Portugal, dedicaram-se ao trabalho de catequese do índio e à assistência em geral.

Brás Cubas, em 1543, criou a primeira Santa Casa, em uma vila, onde hoje se localiza a cidade de Santos. Mais tarde, esse tipo de hospital multiplicou-se por todo o Brasil.

Fabiano de Cristo, português, por volta de 1700, veio para o Brasil, mais tarde na ordem dos franciscanos. Dedicou sua vida à prática da assistência aos doentes e necessitados.

2.4 Assistência com o Espiritismo

O Espiritismo, com Allan Kardec, traz nova luz à assistência, esclarecendo o sentido da palavra caridade como a entendia Jesus (*O livro dos espíritos*, q. 886) e adotando o lema *fora da caridade não há salvação*.

A primeira campanha de que se tem notícia, promovida por um centro espírita, foi criada e lançada por Allan Kardec na *Revista Espírita* de janeiro de 1863, para arrecadar recursos para socorrer os operários da cidade de Rouen, França, devido ao forte inverno. Graças às doações recebidas, foi possível socorrer muitas famílias.

No Brasil, tivemos muitos espíritas dedicados à assistência que se transformaram em exemplo de trabalho inspirado no ideal da caridade.

Em 20 de abril de 1890, foi criada a assistência aos necessitados na Federação Espírita Brasileira. Em virtude da importância de sua ação, a assistência tornou-se o centro das atenções da FEB na sua tarefa de divulgação do Espiritismo. A assistência aos necessitados deu origem ao atual departamento de assistência social da Federação Espírita Brasileira.

2.5 Assistência: da esmola à cidadania

A assistência, na antiguidade e até o início do século XIX, era apenas esmola, doação. Foi com São Vicente de Paulo e, depois, com Frédéric Ozanam, que começou a ser direcionada às necessidades reais do indivíduo.

No Brasil, foi necessário um longo tempo para que a assistência fosse elevada à condição de direito social e, portanto, dever do estado e direito do cidadão, conforme estabelece o artigo 203 da Constituição Federal.

O Espiritismo, contudo, já afirmava a concepção de cidadania como está hoje colocada na sociedade ocidental, mas a amplia, conforme expressa a questão 880 de *O livro dos espíritos* (o primeiro de todos os direitos naturais do homem é o de viver), porque o homem é um Espírito que reencarna, e reencarna para progredir, portanto tudo o que lhe seja necessário para assegurar a existência corpórea é seu direito natural. Ainda que seja direito de usufruto, não de propriedade, no sentido restrito do termo.

Em consequência, a caridade supera a concepção reducionista e tradicional de esmola (ajuda material) e passa a definir-se como ir ao encontro do próximo. A caridade não está no que se dá, mas na relação que se estabelece com o outro, relação esta que se apresenta num processo amoroso de envolvimento do ser com outro ser.

O centro espírita deve ser, assim, um *espaço de convivência*, em que a fraternidade não seja apenas um ideal, mas um exercício de construção de relações. Mais do que uma casa prestadora de serviços (de alimentos, de roupas etc.), um espaço de convivência, onde o usuário de seus serviços, em sua condição de cidadão — sujeito de direitos —, gosta de estar, sente-se bem em estar, é recebido como é, com o seu jeito, com as suas características, com a sua forma de falar, e onde encontra quem se disponha a conversar com ele de forma natural, de irmão para irmão, dando-lhe tempo para que caminhe do ponto em que se encontra e acesse o seu coração, que se abre, também, para o coração do outro, à semelhança do bom samaritano da parábola evangélica.

CAPÍTULO 3

A ASSISTÊNCIA SOCIAL E A PROMOÇÃO SOCIAL ESPÍRITA

3.1 Assistência social

A assistência social é uma política pública, não contributiva, que integra a Seguridade Social e é prestada a quem dela necessitar, conforme artigo 203 da Constituição Federal de 1988. Segundo a Lei Orgânica de Assistência Social – LOAS (Lei nº 8.742/93), essa política é direito do cidadão e dever do Estado para prover os mínimos sociais por meio de iniciativas públicas e da sociedade, garantindo o atendimento às necessidades básicas dos indivíduos.

A política de assistência social tem como objetivos a proteção social, a vigilância socioassistencial e a defesa de direitos. E, em relação ao enfrentamento da pobreza, o parágrafo único do artigo 2º da LOAS informa que "a assistência social realiza-se de forma integrada às políticas setoriais, garantindo mínimos sociais e provimento de condições para atender contingências sociais e promovendo a universalização dos direitos sociais.".

E, para cumprir essas previsões legais, existem as instituições de assistência social caracterizadas por serem sem fins lucrativos, prestando atendimento, assessoramento e atuando na defesa e garantia de direitos dos beneficiários dessa política pública (LOAS, art. 3º).

3.2 Promoção social

Promoção social: é o alcance de um patamar social superior em relação às condições em que o destinatário da ação se encontrava antes da intervenção.

3.3 Promoção social espírita

À vista do exposto até aqui, pode-se conceituar a promoção social espírita como "a prática da caridade, na abrangência definida pelo Espiritismo, às pessoas em situação de vulnerabilidade e risco social."[7]

Em assim sendo, *promover* o ser humano é oferecer-lhe condições para superar as dificuldades econômicas, sociais, morais e espirituais em que momentaneamente se encontre; auxiliá-lo a ultrapassar as próprias limitações, reconhecendo que essas limitações, embora sendo características de sua atual personalidade, possuem caráter transitório, uma vez que nenhum ser foi criado para o mal ou para o infortúnio. É, ainda, auxiliá-lo a compreender a importância de sua presença na família, haja vista que ele sempre faz parte de uma configuração familiar, ainda que sua família sejam os companheiros ou as companheiras que ocupam o mesmo espaço da instituição que o abriga; que compartilham com ele as agruras provocadas pelo frio, pela chuva e pela falta de alimentos, ou, ainda, as pessoas que dividem o seu abrigo improvisado, todas as criaturas, enfim, que as leis da vida encaminham para partilhar seu destino.

Promover o ser humano é, enfim, auxiliá-lo de todas as formas possíveis, pelo acompanhamento constante e amigo, a desenvolver as próprias potencialidades, estimulando-o, ao mesmo tempo, a auxiliar as pessoas que compartilham o seu núcleo familiar, não perdendo de vista o cuidado para com o idoso, em sua necessidade de afeto, companhia, acolhimento e apoio, no processo de aproximação do término de sua encarnação, quando reflete sobre seus atos da vida e as suas consequências.

Nesse processo de promoção social, torna-se necessário destacar a criança, com a sua necessidade de direcionamento no bem e as imensas possibilidades de aprendizado intelectual, moral e espiritual que possui (*O livro dos espíritos*, q. 382 a 385). Se for bem-educada, acompanhada nas suas necessidades, a criança poderá influir mais tarde, de forma decisiva, na transformação do estado conturbado do mundo atual. Olhar a criança sob essa ótica e auxiliá-la a desenvolver as suas potencialidades é contribuir para a renovação do ser humano, em prol de uma sociedade harmônica e igualitária, elevando seu nível espiritual.

---

7 FEDERAÇÃO ESPÍRITA BRASILEIRA – *Orientação ao centro espírita*. Cap. 8, it. 2.

CAPÍTULO 4

FUNDAMENTAÇÃO ESPÍRITA

A Doutrina Espírita e o Evangelho de Jesus embasam o trabalho da Área de Assistência e Promoção Social Espírita.

Disse Jesus: "Eu sou a videira, vós, as varas; quem está em mim, e eu nele, este dá muitos frutos, porque sem mim nada podeis fazer" (*João*, 15:5). E ainda: "O meu mandamento é este: Que vos ameis uns aos outros, assim como eu vos amei" (*João*, 15:12).

O Espiritismo, por sua vez, amplia a visão do ser humano, pois trata não apenas do ser existente, mas do interexistente, isto é, daquele que se comunica com o Mundo dos Espíritos, ao qual se liga por débitos e alegrias de passado próximo ou distante e com o qual se sintoniza por sentimentos e pensamentos.

Conforme consta na questão 886 de *O livro dos espíritos*, a caridade, como entendia Jesus, transcende a esmola. É acima de tudo, sentimento de amor, cujos componentes são "a benevolência para com todos, a indulgência para as imperfeições dos outros e o perdão das ofensas". [8] Em seus comentários a essa questão, assinala o Codificador: "O amor e a caridade são o complemento da Lei de Justiça, pois amar o próximo é fazer-lhe todo o bem que nos seja possível e que desejaríamos nos fosse feito. Tal o sentido destas palavras de Jesus: "Amai-vos uns aos outros como irmãos".[9]

A vivência da caridade, à luz do Espiritismo, reúne todos os elementos da *promoção social*, mas seu olhar vai além, para ver o outro em sua condição de Espírito perfectível e imortal e não apenas em seus aspectos material, ético, moral e social. É a promoção do ser humano integral, numa perspectiva de sobrevivência e imortalidade.

Sob tal enfoque, a assistência e promoção social à luz do Espiritismo apresenta uma peculiaridade que poderíamos chamar de *diferencial educativo*. E isso porque, o olhar projetado sobre o outro, revelando sua característica de Espírito imortal, em múltiplas vivências, também em nós se reflete e passamos a identificar,

---
8 KARDEC, Allan. *O livro dos espíritos*. Q. 886.
9 Id. Ibid. Comentários à questão 886.

em nossas experiências de vida, necessidades semelhantes, reclamando atenção e auxílio mútuos.

Todas as criaturas são passíveis de educação, por trazerem em si o germe da divindade, com amplas condições de aprender para progredir. Pestalozzi dizia que "a educação é o desenvolvimento harmônico de todas as faculdades do indivíduo".[10]

Por esse caráter distintivo, o trabalho socioassistencial espírita apresenta-se como valioso instrumento de educação. Diante de uma pessoa em estado de vulnerabilidade social, vista sob o foco de suas diversas experiências evolutivas, precisamos desenvolver ainda mais a fraternidade, a simpatia e o respeito, a fim de que ela se sinta estimulada a ligar-se a nós também pelos laços da fraternidade. Nesse inter-relacionamento, em que cada um se coloca perante o outro como receptor e doador, inicia-se um processo de intercâmbio e, sobretudo, de auxílio e nutrimento no mais amplo sentido. É um processo de construção de convivência, em que nos inserimos num espaço relacional eminentemente educativo, dando e recebendo informações e suporte, compartilhando vivências e vibrações, interesses e compreensão.

O Espiritismo ajuda-nos a compreender a intensa problemática moral e espiritual da atualidade; descortina ao nosso entendimento as razões e as consequências das atribulações da existência humana e ensina-nos a combater os fatores degenerativos, individuais e sociais. Prevendo a renovação da sociedade em bases de segurança e justiça, o Espiritismo faz-nos visualizar a Terra transformada em um planeta bem mais feliz, sem os conflitos causados pelo egoísmo.[11]

A fundamentação espírita da assistência e promoção social espírita é, como visto, de grande abrangência e toda revestida pelo conceito de caridade como a entendia Jesus. Em decorrência disso e levando-se em conta a natureza eminentemente operacional deste documento, o qual não comportaria grande extensão de textos doutrinários, serão encontrados aqui apenas algumas citações consideradas essenciais para embasar a orientação que se pretende dar à tarefa de assistência e promoção social desenvolvida pelos centros espíritas.

4.1 Caridade: seu verdadeiro sentido

Qual o verdadeiro sentido da palavra caridade, como a entendia Jesus?

Benevolência para com todos, indulgência para as imperfeições dos outros, perdão das ofensas.

---
10 VINICIUS, Pedro de Camargo. *Na escola do Mestre*.
11 FRANCO, Divaldo P. *Dignificação do homem e da sociedade* – Dirigente espírita.

O amor e a caridade são o complemento da Lei de Justiça, pois amar o próximo é fazer-lhe todo o bem que nos seja possível e que desejáramos nos fosse feito. Tal o sentido destas palavras de Jesus: Amai-vos uns aos outros como irmãos [...].[12]

4.2 Caridade: virtude maior

Ainda quando eu falasse todas as línguas dos homens e a língua dos próprios anjos, se eu não tivesse caridade, serei como o bronze que soa e um címbalo que retine; ainda quando tivesse o dom de profecia, que penetrasse todos os mistérios, e tivesse perfeita ciência de todas as coisas; ainda quando tivesse toda a fé possível, até o ponto de transportar montanhas, *se não tiver caridade, nada sou*. E, quando houvesse distribuído os meus bens para alimentar os pobres e houvesse entregado meu corpo para ser queimado, se não tivesse caridade, tudo isso de nada me serviria.

A caridade é paciente; é branda e benfazeja; a caridade não é invejosa; não é temerária, nem precipitada; não se enche de orgulho; não é desdenhosa; não cuida de seus interesses; não se agasta, nem se azeda com coisa alguma; não suspeita mal; não se rejubila com a injustiça, mas se rejubila com a verdade; tudo suporta, tudo crê, tudo espera, tudo sofre.

Agora, estas três virtudes: a fé, a esperança e a caridade permanecem; mas, dentre elas, a mais excelente é a caridade (PAULO, *I Epístola aos coríntios*, 13:1 a 7 e 13).[13]

4.3 Caridade e família

A Lei da Natureza impõe aos filhos a obrigação de trabalharem para seus pais?

Certamente, do mesmo modo que os pais têm que trabalhar para seus filhos. Foi por isso que Deus fez do amor filial e do amor paterno um sentimento natural. Foi para que, por essa afeição recíproca, os membros de uma família se sentissem impelidos a ajudarem-se

---
12 KARDEC, Allan. *O livro dos espíritos*. Q. 886.
13 Id. *O evangelho segundo o espiritismo*. Cap. 15, it. 6.

mutuamente, o que, aliás, com muita frequência se esquece na vossa sociedade atual.[14]

Tem o homem o direito de repousar na velhice?

Sim, que a nada é obrigado, senão de acordo com as suas forças.

a) Então, que há de fazer o velho que precisa trabalhar para viver e não pode?

O forte deve trabalhar para o fraco. Não tendo este família, a sociedade deve fazer as vezes desta. É a Lei de Caridade.[15]

4.4 Caridade e educação

Não basta se diga ao homem que lhe corre o dever de trabalhar.

É preciso que aquele que tem de prover à sua existência por meio do trabalho encontre em que se ocupar, o que nem sempre acontece. Quando se generaliza, a suspensão do trabalho assume as proporções de um flagelo, qual a miséria. A ciência econômica procura remédio para isso no equilíbrio entre a produção e o consumo. Esse equilíbrio, porém, dado seja possível estabelecer-se, sofrerá sempre intermitências, durante as quais não deixa o trabalhador de ter que viver. Há um elemento, que se não costuma fazer pesar na balança e sem o qual a ciência econômica não passa de simples teoria. Esse elemento é a educação, não a educação intelectual, mas a educação moral. Não nos referimos, porém, à educação moral pelos livros, e sim à que consiste na arte de formar os caracteres, à que incute hábitos, porquanto a educação é o conjunto dos hábitos adquiridos.[16]

4.5 Caridade e solidariedade

É evidente que, se não fossem os preconceitos sociais, pelos quais se deixa o homem dominar, ele sempre acharia um trabalho qualquer, que lhe proporcionasse meio de viver, embora pudesse deslocá-lo da

---

14 KARDEC, Allan. *O livro dos espíritos*. Q. 681.
15 Id. Ibid. Q. 685.
16 Id. Ibid. Comentários à questão 685.

sua posição. Entre os que não têm preconceitos ou os põem de lado, porém, não há pessoas que se veem na impossibilidade de prover às suas necessidades, em consequência de moléstias ou outras causas independentes da vontade delas?

Numa sociedade organizada segundo a Lei de Cristo, ninguém deve morrer de fome.

Com uma organização social criteriosa e previdente, ao homem só por culpa sua pode faltar o necessário, porém suas próprias faltas são frequentemente resultado do meio onde se acha colocado. Quando praticar a Lei de Deus, terá uma ordem social fundada na justiça e na solidariedade e ele próprio também será melhor.[17]

4.6 Caridade e esmola

Que se deve pensar da esmola?

Condenando-se a pedir esmola, o homem se degrada física e moralmente: embrutece-se. Uma sociedade que se baseie na Lei de Deus e na justiça deve prover à vida do fraco, sem que haja para ele humilhação. Deve assegurar a existência dos que não podem trabalhar, sem lhes deixar a vida à mercê do acaso e da boa vontade de alguns.

a) Dar-se-á reproveis a esmola?

Não; o que merece reprovação não é a esmola, mas a maneira por que habitualmente é dada. O homem de bem, que compreende a caridade de acordo com Jesus, vai ao encontro do desgraçado, sem esperar que este lhe estenda a mão.[18]

4.7 Caridade e Jesus

Ora, quando o Filho do Homem vier em sua majestade, acompanhado de todos os anjos, sentar-se-á no trono de sua glória; reunidas diante dele todas as nações, separará uns dos outros, como o pastor separa

---

17 KARDEC, Allan. *O livro dos espíritos*. Q. 930.
18 Id. Q. 888.

dos bodes as ovelhas, e colocará as ovelhas à sua direita e os bodes à sua esquerda.

Então, dirá o Rei aos que estiverem à sua direita: Vinde, benditos de meu Pai, tomai posse do Reino que vos foi preparado desde o princípio do mundo; porquanto, tive fome e me destes de comer; tive sede e me destes de beber; careci de teto e me hospedastes; estive nu e me vestistes; achei-me doente e me visitastes; estive preso e me fostes ver.

Então, responder-lhe-ão os justos: Senhor, quando foi que te vimos com fome e te demos de comer, ou com sede e te demos de beber? Quando foi que te vimos sem teto e te hospedamos; ou despido e te vestimos? E quando foi que te soubemos doente ou preso e fomos visitar-te? O Rei lhes responderá: Em verdade vos digo, todas as vezes que isso fizestes a um destes mais pequeninos dos meus irmãos, foi a mim mesmo que o fizestes.

Dirá em seguida aos que estiverem à sua esquerda: Afastai-vos de mim, malditos; ide para o fogo eterno, que foi preparado para o diabo e seus anjos; porquanto, tive fome e não me destes de comer; tive sede e não me destes de beber; precisei de teto e não me agasalhastes; estive sem roupa e não me vestistes; estive doente e no cárcere e não me visitastes.

Também eles replicarão: Senhor, quando foi que te vimos com fome e não te demos de comer, com sede e não te demos de beber, sem teto ou sem roupa, doente ou preso e não te assistimos?

— Ele então lhes responderá: Em verdade vos digo: todas as vezes que faltastes com a assistência a um destes mais pequenos, deixastes de tê-la para comigo mesmo. E esses irão para o suplício eterno, e os justos para a vida eterna (*Mateus*, 25:31 a 46).[19]

4.8 Caridade e amor ao próximo

Veja a *parábola do bom samaritano*, cap. 5.

---

19 KARDEC, Allan. *O evangelho segundo o espiritismo*. Cap. 15, it. 1.

4.9 Caridade sem ostentação

Nas grandes calamidades, a caridade se emociona e observam-se impulsos generosos, no sentido de reparar os desastres. No entanto, a par desses desastres gerais, há milhares de desastres particulares, que passam despercebidos: os dos que jazem sobre um grabato sem se queixarem. Esses infortúnios discretos e ocultos são os que a verdadeira generosidade sabe descobrir, sem esperar que peçam assistência.

Quem é esta mulher de ar distinto, de traje tão simples, embora bem cuidado, e que traz em sua companhia uma mocinha tão modestamente vestida? Entra numa casa de sórdida aparência, onde sem dúvida é conhecida, pois que à entrada a saúdam respeitosamente. Aonde vai ela? Sobe até a mansarda, onde jaz uma mãe de família cercada de crianças. À sua chegada, refulge a alegria naqueles rostos emagrecidos. É que ela vai acalmar ali todas as dores. Traz o de que necessitam, condimentado de meigas e consoladoras palavras, que fazem que os seus protegidos, que não são profissionais da mendicância, aceitem o benefício, sem corar. O pai está no hospital e, enquanto lá permanece, a mãe não consegue com o seu trabalho prover às necessidades da família. Graças à boa senhora, aquelas pobres crianças não mais sentirão frio, nem fome; irão à escola agasalhadas e, para as menorzinhas, o leite não secará no seio que as amamenta. Se entre elas alguma adoece, não lhe repugnarão a ela, à boa dama, os cuidados materiais de que essa necessite. Dali vai ao hospital levar ao pai algum reconforto e tranquilizá-lo sobre a sorte da família. No canto da rua, uma carruagem a espera, verdadeiro armazém de tudo o que destina aos seus protegidos, que lhe recebem sucessivamente a visita. Não lhes pergunta qual a crença que professam, nem quais suas opiniões, pois considera como seus irmãos e filhos de Deus todos os homens. Terminado o seu giro, diz de si para consigo: "Comecei bem o meu dia." Qual o seu nome? Onde mora? Ninguém o sabe. Para os infelizes, é um nome que nada indica, mas é o anjo da consolação. À noite, um concerto de bênçãos se eleva em seu favor ao Pai Celestial: católicos, judeus, protestantes, todos a bendizem.

Por que tão singelo traje? Para não insultar a miséria com o seu luxo. Por que se faz acompanhar da filha? Para que aprenda como se deve praticar a beneficência. A mocinha também quer fazer a caridade. A mãe, porém, lhe diz: "Que podes dar, minha filha, quando nada tens de teu? Se eu te passar às mãos alguma coisa para que dês a outrem, qual será o teu mérito? Nesse caso, em realidade, serei eu quem faz a caridade; que merecimento terias nisso? Não é justo. Quando visitamos os doentes, tu me ajudas a tratá-los. Ora, dispensar cuidados é dar alguma coisa. Não te parece bastante isso? Nada mais simples. Aprende a fazer obras úteis e confeccionarás roupas para essas criancinhas. Desse modo, darás alguma coisa que vem de ti." É assim que aquela mãe verdadeiramente cristã prepara a filha para a prática das virtudes que o Cristo ensinou. É espírita ela? Que importa!

Em casa, é a mulher do mundo, porque a sua posição o exige. Ignoram, porém, o que faz, porque ela não deseja outra aprovação além da de Deus e da sua consciência. Certo dia, no entanto, imprevista circunstância leva-lhe à casa uma de suas protegidas, que andava a vender trabalhos executados por suas mãos. Esta última, ao vê-la, reconheceu nela a sua benfeitora. "Silêncio!" — ordena-lhe a senhora — "não o digas a ninguém." Falava assim Jesus.[20]

4.10 Caridade e fraternidade

Meus irmãos, amai os órfãos. Se soubésseis quanto é triste ser só e abandonado, sobretudo na infância! Deus permite que haja órfãos, para exortar-nos a servir-lhes de pais. Que divina caridade amparar uma pobre criaturinha abandonada, evitar que sofra fome e frio, dirigir-lhe a alma, a fim de que não desgarre para o vício! Agrada a Deus quem estende a mão a uma criança abandonada, porque compreende e pratica a sua lei. Ponderai também que muitas vezes a criança que socorreis vos foi cara noutra encarnação, caso em que, se pudésseis lembrar-vos, já não estaríeis praticando a caridade, mas cumprindo um dever. Assim, pois, meus amigos, todo sofredor é vosso irmão e tem direito à vossa caridade; não, porém, a essa caridade que magoa o coração, não a essa esmola que queima a mão em que cai, pois frequentemente bem amargos são os vossos óbolos! Quantas vezes seriam eles recusados, se na choupana a enfermidade e a morte não os estivessem esperando! Dai delicadamente, juntai ao benefício que fizerdes o mais precioso de todos os benefícios: o de uma boa palavra, de uma carícia, de um sorriso amistoso. Evitai esse ar de proteção, que equivale a revolver a lâmina no coração que sangra e considerai

---

20 KARDEC, Allan. *O evangelho segundo o espiritismo*. Cap. 13, it. 4 – *Os infortúnios ocultos*.

que, fazendo o bem, trabalhais por vós mesmos e pelos vossos. – Um Espírito familiar (Paris, 1860).[21]

4.11 Caridade e beneficência

Chamo-me Caridade; sigo o caminho principal que conduz a Deus. Acompanhai-me, pois conheço a meta a que deveis todos visar.

Dei esta manhã o meu giro habitual e, com o coração amargurado, venho dizer-vos: Ó meus amigos, que de misérias, que de lágrimas, quanto tendes de fazer para secá-las todas! Em vão, procurei consolar algumas pobres mães, dizendo-lhes ao ouvido: Coragem! Há corações bons que velam por vós; não sereis abandonadas; paciência! Deus lá está; sois dele amadas, sois suas eleitas. Elas pareciam ouvir-me e volviam para o meu lado os olhos arregalados de espanto; eu lhes lia no semblante que seus corpos, tiranos do Espírito, tinham fome e que, se é certo que minhas palavras lhes serenavam um pouco os corações, não lhes reconfortavam os estômagos. Repetia-lhes: Coragem! Coragem! Então, uma pobre mãe, ainda muito moça, que amamentava uma criancinha, tomou-a nos braços e a estendeu no espaço vazio, como a pedir-me que protegesse aquele entezinho que só encontrava, num seio estéril, insuficiente alimentação.

Alhures vi, meus amigos, pobres velhos sem trabalho e, em consequência, sem abrigo, presas de todos os sofrimentos da penúria e, envergonhados de sua miséria, sem ousarem, eles que nunca mendigaram, implorar a piedade dos transeuntes. Com o coração túmido de compaixão, eu, que nada tenho, me fiz mendiga para eles e vou, por toda a parte, estimular a beneficência, inspirar bons pensamentos aos corações generosos e compassivos. Por isso é que aqui venho, meus amigos, e vos digo: Há por aí desgraçados, em cujas choupanas falta o pão, os fogões se acham sem lume e os leitos sem cobertas. Não vos digo o que deveis fazer; deixo aos vossos bons corações a iniciativa. Se eu vos ditasse o proceder, nenhum mérito vos traria a vossa boa ação. Digo-vos apenas: Sou a caridade e vos estendo as mãos pelos vossos irmãos que sofrem.

Mas, se peço, também dou e dou muito. Convido-vos para um grande banquete e forneço a árvore onde todos vos saciareis! Vede quanto é

---
21 KARDEC, Allan. *O evangelho segundo o espiritismo*. Cap. 13, it. 18, *Os órfãos*.

bela, como está carregada de flores e de frutos! Ide, ide, colhei, apanhai todos os frutos dessa magnificente árvore que se chama a beneficência. No lugar dos ramos que lhe tirardes, atarei todas as boas ações que praticardes e levarei a árvore a Deus, que a carregará de novo, porquanto a beneficência é inexaurível. Acompanhai-me, pois, meus amigos, a fim de que eu vos conte entre os que se arrolam sob a minha bandeira. Nada temais; eu vos conduzirei pelo caminho da salvação, porque sou — a Caridade. – CÁRITA, martirizada em Roma (Lyon, 1861).[22]

4.12 Caridade e vida social

A encarnação é necessária ao duplo progresso moral e intelectual do Espírito: ao progresso intelectual pela atividade obrigatória do trabalho; ao progresso moral pela necessidade recíproca dos homens entre si. *A vida social é a pedra de toque das boas ou más qualidades.* A bondade, a maldade, a doçura, a benevolência, a caridade, o egoísmo, a avareza, o orgulho, a humildade, a sinceridade, a franqueza, a lealdade, a má-fé, a hipocrisia, em uma palavra, tudo o que constitui o homem de bem ou o perverso tem por móvel, por alvo e por estímulo as relações do homem com os seus semelhantes.[23]

4.13 Caridade e renúncia

O doutor Demeure, falecido em Albi (Tarn) no dia 25 de janeiro de 1865 era um médico homeopata e distintíssimo. Seu caráter, tanto quanto o saber, haviam-lhe granjeado a estima e veneração dos seus concidadãos. Eram-lhe inextinguíveis a bondade e a caridade, e, a despeito da idade avançada, não se lhe conheciam fadigas, em se tratando de socorrer doentes pobres. O preço das visitas era o que menos o preocupava, e de preferência sacrificava as suas comodidades ao pobre, dizendo que os ricos, em sua falta, bem podiam recorrer a outro médico. E quantas e quantas vezes ao doente sem recursos provia do necessário às exigências materiais, no caso de serem mais úteis que o próprio medicamento [...].[24]

---

22 KARDEC, Allan. *O evangelho segundo o espiritismo*. Cap. 13, it. 13.
23 Id. *O céu e o inferno*. 1ª pt., cap. 3, it. 8.
24 Id. 2ª pt., cap. 2 – *Espíritos felizes*, O doutor Demeure.

4.14 Caridade e assistência

Antoine Costeau, membro da Sociedade Espírita de Paris [foi] sepultado em 12 de setembro de 1863 no cemitério de Montmartre, em vala comum. Era um homem de coração que o Espiritismo reconduziu a Deus; completa, sincera e profunda era a sua fé em Deus. Simples calceteiro, praticava a caridade por pensamentos, palavras e obras consoante os fracos recursos de que dispunha e encontrando meios, ainda assim, de socorrer os que possuíam menos do que ele [...].

"Não vos esqueçais nunca da assistência que mutuamente vos deveis na Terra, se é que pretendeis penetrar a morada do Senhor", diz ele em comunicação dada por ocasião do próprio sepultamento.[25]

Sobre os benefícios presentes e futuros da prática da caridade, diz o Espírito Paulo de Tarso o seguinte:

Meus filhos, na máxima: Fora da caridade não há salvação, estão encerrados os destinos dos homens, na Terra e no Céu; na Terra, porque à sombra desse estandarte eles viverão em paz; no Céu, porque os que a houverem praticado acharão graças diante do Senhor. Essa divisa é o facho celeste, a luminosa coluna que guia o homem no deserto da vida, encaminhando-o para a Terra da Promissão. Ela brilha no Céu, como auréola santa, na fronte dos eleitos, e, na Terra, se acha gravada no coração daqueles a quem Jesus dirá: Passai à direita, benditos de meu Pai. – PAULO, o Apóstolo (Paris, 1860).[26]

4.15 O espírita e a caridade

Pergunta: Se, entre os chamados para o Espiritismo, muitos se transviaram, quais os sinais pelos quais reconheceremos os que se acham no bom caminho?

Resposta: Reconhecê-los-eis pelos princípios da verdadeira caridade que eles ensinarão e praticarão. Reconhecê-los-eis pelo número de aflitos a quem levem consolo; reconhecê-los-eis pelo seu amor ao próximo, pela sua abnegação, pelo seu desinteresse pessoal; reconhecê-los-eis,

---

25 KARDEC, Allan. *O céu e o inferno.* 2ª pt., cap. 2 – *Espíritos felizes*, Antoine Costeau.
26 Id. *O evangelho segundo o espiritismo.* Cap. 15, it. 10.

finalmente, pelo triunfo de seus princípios, porque Deus quer o triunfo de sua lei; os que seguem sua lei, esses são os escolhidos e Ele lhes dará a vitória; mas Ele destruirá aqueles que falseiam o espírito dessa lei e fazem dela degrau para contentar sua vaidade e sua ambição. – Erasto, anjo da guarda do médium (Paris, 1863).[27]

4.16 Beneficência coletiva: o pensamento de Kardec

Deve a beneficência ficar individual e, neste caso, sua ação não será mais limitada do que se for coletiva? A beneficência coletiva tem vantagens incontestáveis e, bem longe de desestimulá-la, nós a encorajamos. Nada mais fácil do que a praticar em grupos, recolhendo, por meio de cotizações regulares ou de donativos facultativos, os elementos de um fundo de socorro. Mas, então, agindo num círculo restrito, o controle das verdadeiras necessidades é fácil; o conhecimento que delas se pode ter permite uma distribuição mais justa e mais proveitosa. Com uma soma módica, bem distribuída e dada de propósito, pode-se prestar mais serviços reais que com uma grande soma dada sem conhecimento de causa e, a bem dizer, ao acaso. É, pois, necessário se dar conta de certos detalhes, se não quiser gastar inutilmente seus recursos. Ora, compreende-se que tais cuidados seriam impossíveis se se operasse em vasta escala. Aqui, nada de complicação administrativa, nada de pessoal burocrático. Algumas pessoas de boa vontade, e eis tudo.

Por conseguinte, não podemos senão encorajar com todas as nossas forças a beneficência coletiva nos grupos espíritas. Nós a conhecemos em Paris, nas províncias e no estrangeiro, fundadas, se não exclusivamente, ao menos principalmente com esse objetivo, e cuja organização nada deixa a desejar. Lá, membros dedicados vão aos domicílios inquirir dos sofrimentos e levar o que às vezes vale mais do que os socorros materiais: as consolações e os encorajamentos. Honra a eles, porque bem merecem do Espiritismo! Se cada grupo assim agir em sua esfera de atividade, todos juntos realizarão maior soma de bem do que o faria uma caixa central quatro vezes mais rica.[28]

---

27 KARDEC, Allan. *O evangelho segundo o espiritismo*. Cap. 20, it. 4.
28 Id. *Revista Espírita*. Jul. 1866. p. 275.

CAPÍTULO 5

MÉTODO DE REFERÊNCIA

O método de referência para a ação da APSE é a *Parábola do bom samaritano*, a qual apresenta o roteiro de procedimento a ser adotado para o auxílio eficaz a todo aquele que se encontre no estado de vulnerabilidade e risco social.

5.1 A Parábola do bom samaritano

Então, levantando-se, disse-lhe um doutor da lei, para o tentar: "Mestre, que preciso fazer para possuir a vida eterna?" — Respondeu-lhe Jesus: "Que é o que está escrito na lei? Que é o que lês nela?" — Ele respondeu: "Amarás o Senhor teu Deus de todo o coração, de toda a tua alma, com todas as tuas forças e de todo o teu espírito, e a teu próximo como a ti mesmo." — Disse-lhe Jesus: "Respondeste muito bem; faze isso e viverás."

Mas o homem, querendo parecer que era um justo, diz a Jesus: "Quem é o meu próximo?" — Jesus, tomando a palavra, lhe diz:

"Um homem, que descia de Jerusalém para Jericó, caiu em poder de ladrões, que o despojaram, cobriram de ferimentos e se foram, deixando-o semimorto. Aconteceu em seguida que um sacerdote, descendo pelo mesmo caminho, o viu e passou adiante. Um levita, que também veio àquele lugar, tendo-o observado, passou igualmente adiante. Mas um samaritano que viajava, chegando ao lugar onde jazia aquele homem e tendo-o visto, foi tocado de compaixão. Aproximou-se dele, deitou-lhe óleo e vinho nas feridas e as pensou; depois, pondo-o no seu cavalo, levou-o a uma hospedaria e cuidou dele. No dia seguinte tirou dois denários e os deu ao hospedeiro, dizendo: Trata muito bem deste homem e tudo o que despenderes a mais, eu te pagarei quando regressar."

Qual desses três te parece ter sido o próximo daquele que caíra em poder dos ladrões?' — O doutor respondeu: "Aquele que usou de misericórdia para com ele." Então, vai", diz Jesus, "e faze o mesmo." (*Lucas*, 10:25 a 37).[29]

5.2 Análise da Parábola do bom samaritano

A *parábola do bom samaritano* oferece pontos significativos para uma análise com vistas ao método de ação a ser adotado na Assistência e Promoção Social Espírita.

1. "Um homem [...]" — Iniciando a parábola, Jesus designa o ser que será alvo do atendimento como apenas "um homem", sem se referir à sua condição econômica, social, política ou profissional, ou mesmo à sua raça, religião, povo, crença ou nacionalidade.

2. "[...] caiu em poder de ladrões, que o despojaram, cobriram de ferimentos e se foram, deixando-o semimorto." — O homem, que antes deveria estar bem, transformou-se, em decorrência desse fato, em um ser humano em estado de necessidade; carecendo de apoio, socorro, ajuda e colaboração de outros seres, já que não tinha condições de, por conta própria, superar os seus impedimentos.

3. "[...] um sacerdote [...] viu e passou adiante." — O sacerdote, que se diz representar Deus e fazer sua vontade, ignorou o caído e não atendeu às suas necessidades.

4. "Um levita, [...] tendo-o observado, passou igualmente adiante." — O intelectual da época, o homem que lia e que conhecia as Leis de Deus, também foi omisso no atendimento ao necessitado.

5. "[...] um samaritano [...] tendo-o visto, foi tocado de compaixão." — O samaritano, na época, era considerado um "homem de má vida", uma vez que não tinha o hábito de frequentar o templo e não se importava com as formalidades das práticas religiosas, mas demonstrou possuir bons sentimentos, pois "foi tocado de compaixão" ao encontrar o necessitado.

6. "Aproximou-se dele [...] eu te pagarei quando regressar." — Impulsionado pelo sentimento de solidariedade, o samaritano atendeu

---

29 KARDEC, Allan. *O evangelho segundo o espiritismo*. Cap. 15, it. 2.

o caído, assistindo-o em suas necessidades mais imediatas e amparando-o nas etapas seguintes do seu restabelecimento, promovendo a sua recuperação humana e social, até voltar ao estado de normalidade, ou seja, ao estado em que tivesse condições de suprir, ele próprio, as suas necessidades físicas, morais e espirituais, inclusive de integração social.

7. "'Qual desses três te parece ter sido o próximo daquele que caíra em poder dos ladrões?' — O doutor respondeu: 'Aquele que usou de misericórdia para com ele.'" — O próprio doutor da lei reconheceu que foi o samaritano, que, usando de misericórdia, agiu como o próximo junto ao homem ferido pelos ladrões. Cabe observar que, para fazer esse atendimento ao caído, naquele momento, durante o seu estado de necessidade, o samaritano renunciou ao seu tempo, à sua comodidade e ao seu dinheiro e colocou em risco a sua própria segurança, ou seja, superou os impedimentos e obstáculos que comumente se apresentam, mas cumpriu, plenamente, o seu dever moral para com o seu semelhante, expresso na Lei de Amor que emana de Deus.

8. "Então, vai," diz Jesus, "e faze o mesmo.'" — A proposta de Jesus, no sentido de termos nas ações do bom samaritano, passo a passo, o exemplo a ser seguido por todos aqueles que pretendam viver dentro dos princípios que norteiam a lei maior que emana do Criador e que orienta o relacionamento dos homens em todo o Universo, constitui a base *do método* de ação da Assistência e Promoção Social Espírita, desdobradas em várias etapas, baseadas nas seguintes atitudes:

a) observar:

"[...] tendo-o visto [...]." Observar a realidade encontrada e procurar compreender a sua complexidade, analisando a melhor forma de atendimento. Esse observar tem um sentido mais profundo: é estar disponível para o outro, e se expressa no sentimento solidário que se dedica ao próximo nas circunstâncias em que ele se encontra;

b) aproximar-se:

ir ao encontro do outro, conforme assevera São Vicente de Paulo[30] ao destacar a caridade dentro de uma visão mais abrangente, rompendo com a concepção tradicional que a reduzia apenas à esmola. É um movimento em direção ao próximo, não apenas no sentido físico, mas, acima de tudo, fraternal, procurando compreendê-lo de forma integral

---
30 KARDEC, Allan. *O livro dos espíritos*. Q. 888.

para poder atendê-lo em suas necessidades gerais, tais como, morais, espirituais, físicas, econômicas, sociais e psicológicas. É o processo de envolvimento solidário de um ser com outro ser;

c) utilizar os recursos necessários à assistência imediata, ou seja:

Utilizar os recursos que se têm à mão e os que possam reunir para o atendimento às necessidades daquele momento. Prestar os primeiros socorros com os recursos simples do vinho e do óleo e pensar as feridas com os recursos, também, da solidariedade sincera;

d) acompanhar:

Prosseguir no trabalho de reerguimento do indivíduo, adotando providências e procedimentos que o ajudem nesse sentido. O bom samaritano tomou o caído nos próprios braços, colocou-o no seu cavalo e o levou a uma hospedaria, dando sequência à tarefa de atendimento, com vistas ao seu reequilíbrio;

e) tornar-se responsável pelo outro:

"[...] tudo o que despenderes a mais, eu te pagarei quando regressar", disse o bom samaritano, confirmando o seu compromisso de pleno atendimento às necessidades do homem que foi ferido pelos ladrões. O bom samaritano faz-se companheiro existencial do caído, ajudando-o para que se reerga à altura de sua dignidade de Ser — filho de Deus —, e caminhe, tornando-se, também, e com base na própria experiência vivida, companheiro existencial de outro caído, aprimorando os seus próprios sentimentos em favor de um outro ser que poderá estar em estado de necessidade;

Os Espíritos Superiores, por meio de São Vicente de Paulo, alertam-nos:

> Não pode a alma elevar-se às altas regiões espirituais, senão pelo devotamento ao próximo; somente nos arroubos da caridade encontra ela ventura e consolação. Sede bons, amparai os vossos irmãos, deixai de lado a horrenda chaga do egoísmo. Cumprido esse dever, abrir-se-vos-á o caminho da felicidade eterna.[31]

Este método de ação da Assistência e Promoção Social Espírita desdobra-se conforme observa Cheverus no capítulo 16, item 11, de *O evangelho segundo o*

---

31 KARDEC, Allan. *O evangelho segundo o espiritismo*. Cap. 13, it. 12.

espiritismo: "Não repilas o que se queixa, com receio de que te engane; vai às origens do mal. Alivia, primeiro; em seguida, informa-te, e vê se o trabalho, os conselhos, mesmo a afeição, não serão mais eficazes do que a tua esmola." [32]

Naturalmente, nesta análise da *Parábola do bom samaritano*, estão sendo destacados alguns aspectos considerados essenciais para o seu entendimento. O texto, entretanto, oferece ensejo a estudos mais amplos e aprofundados sobre o assunto, fato que propiciará a compreensão cada vez mais consciente e completa dos princípios que norteiam o método de ação da Assistência e Promoção Social Espírita, ensejando sua operacionalização de acordo com as possibilidades e características dos centros espíritas.

---

[32] KARDEC, Allan. *O evangelho segundo o espiritismo*. Cap. 16, it. 11.

CAPÍTULO 6

PLANO DE AÇÃO

É importante assinalar que o atendimento aos que procuram o centro espírita em busca de auxílio material e espiritual deve ser prestado sem imposição religiosa, com base na mais elevada recepção fraterna, acrescida do esclarecimento oportuno — graduado pela observação das necessidades e do interesse de cada um — sobre a excelência da mensagem espírita.

6.1 Objetivo

> Promover a assistência e promoção social espírita, "[...] assegurando suas características beneficentes, preventivas e promocionais, conjugando a ajuda material e espiritual, fazendo com que este serviço se desenvolva concomitantemente com o atendimento às necessidades de evangelização" [...].[33]

A Assistência e Promoção Social Espírita "[...] deve ser realizada sem imposições, de forma integrada, com orientação doutrinária e assistência espiritual, de modo que possa constituir-se em um dos meios para a libertação espiritual do homem, finalidade primordial da Doutrina Espírita".[34]

6.2 Público alvo

6.2.1 Famílias destinatárias

Em linhas gerais, as características das famílias destinatárias da ação da APSE são as seguintes:

---

33 FEDERAÇÃO ESPÍRITA BRASILEIRA. *Orientação ao centro espírita*. Anexo 1, it. II-h.
34 Id. Cap. 8, it. 4-a.

a) constituição e relacionamento familiar: o conceito de família abrange, atualmente, diversos modelos configurações e formas de parentela, apresentando formações plurais. A família contemporânea recebe e incorpora as transformações ocorridas durante o decurso histórico, sendo influenciada por valores sociais, socioeconômicos e culturais de determinada realidade. As famílias atendidas enquadram-se nessa descrição, sendo, na maioria das vezes, formadas de prole numerosa, sob a responsabilidade da mãe;

b) habitação e higiene: os usuários, em geral, vivem em condições precárias de habitação e estão expostos a diversos riscos sociais, tais como contágio de doenças, eminência de desabamento, falta de saneamento básico e violência;

c) saúde: muitos desses usuários não possuem acesso adequado à saúde. O Sistema Único de Saúde (SUS), idealizado pela Constituição Federal de 1988, ainda está em fase de aperfeiçoamento; nem sempre, portanto, consegue atender à demanda da comunidade. São, assim, de suma importância que eles recebam do centro espírita informações gerais sobre saúde, qualidade de vida e promoção da saúde, para que sejam capazes de buscar os seus direitos no tocante ao melhoramento da própria saúde e da sua qualidade de vida;

d) alimentação: a segurança alimentar e o acesso à alimentação saudável são direitos de todos os cidadãos, conforme preceitua a Constituição Federal. Muitas pessoas atendidas encontram-se sem acesso a esses direitos, uma vez que a situação de privação alimentar é fato recorrente em famílias que não estão inseridas no mercado formal ou informal de trabalho;

e) trabalho e geração de renda: no Brasil, o desemprego é situação preocupante. Em virtude disso, uma parcela de trabalhadores desempregados desenvolve atividades de natureza precária, com vistas à obtenção de algum rendimento para sua sobrevivência;

f) padrões culturais — educação e religião: a maioria dos usuários é proveniente de regiões interioranas de grande vulnerabilidade social e vem aos grandes centros urbanos em busca da sobrevivência. Em geral, são pessoas religiosas e com pouca escolaridade.

6.2.2 Trabalhadores disponíveis — a equipe da APSE

O trabalho de assistência e promoção social espírita deve ser dirigido exclusivamente por companheiros e companheiras espíritas que se eximam de receber qualquer tipo de remuneração. "O trabalho desinteressado sustenta a dignidade e o respeito nas boas obras".[35]

A tarefa da APSE exige uma equipe harmônica de trabalhadores. Não basta que exista um grupo interessado em realizar a tarefa. É preciso que esse grupo se transforme numa equipe, ou seja, num corpo de pessoas que sabe exatamente a proposta do trabalho e se dispõe a executá-la em conjunto. A equipe conhece em profundidade a realidade do público destinatário das ações, bem como os recursos e elementos disponíveis para o atendimento que pretende prestar; tem plena consciência das metas a serem atingidas, realizando serviço sem remuneração, de acordo com os princípios filosóficos e religiosos do Espiritismo. É preciso, assim, que o centro espírita invista na formação continuada de trabalhadores para a tarefa assistencial que desenvolve.

6.3 Atividades

6.3.1 Acolhimento

Acolher as pessoas que procuram o centro espírita, em situação de vulnerabilidade, de risco pessoal e social, por meio do diálogo fraterno, orientando-as, esclarecendo-as e encaminhando-as, de acordo com as demandas observadas. O acolhimento deve seguir as normas estabelecidas pela Área de Atendimento Espiritual do centro espírita.

Alguns pontos deverão ser observados por aquele que acolhe:

» ser acessível, saber colocar-se no nível de compreensão do outro, para melhor compreendê-lo. "Colocarmo-nos na situação difícil de quem recebe socorro";[36]

» oferecer segurança, deixando o outro tranquilo para expor suas dificuldades. "Amparar sem alardear superioridade";[37]

» saber ouvir com atenção e amor;

---
35 FEDERAÇÃO ESPÍRITA BRASILEIRA. *Orientação ao centro espírita*. Anexo 1, cap. 8, it. 5-g.
36 XAVIER, Francisco Cândido. *Sinal verde*. Pelo Espírito André Luiz. CEC, 1951.
37 Id. Ibid.

- » acreditar que a pessoa tem capacidade para se desenvolver e mudar; não impor ajuda; não fazer pelo outro, mas com o outro. "Compreender que todos somos necessitados dessa ou daquela espécie, perante Deus e diante uns dos outros";[38]

- » ter autocontrole, equilíbrio emocional — sentir com a pessoa e não pela pessoa. Alegrar-se com os que se alegram e entristecer-se com os que se entristecem, porém com controle. Saber colocar-se no lugar do outro, sem comprometer sua liberdade interior;

- » considerar cada pessoa com as suas características próprias (individualização);

- » observar o tom de voz do outro, sua clareza de expressão, objetividade e cordialidade;

- » respeitar o seu silêncio e saber entendê-lo.

Princípios gerais de acolhimento:

- » *amor.* Saber respeitar a personalidade da pessoa; acreditar nela, deixando-a à vontade para decidir. "Ajudar não é impor. É amparar, substancialmente, sem pruridos de personalismo, para que o beneficiado cresça, se ilumine e seja feliz por si mesmo;"[39]

- » *atitude de não julgamento.* Compreensão plena e total das criaturas como elas são, e não como gostaríamos que fossem. "Confortar os necessitados sem exigir-lhes mudanças imediatas";[40]

- » *compreensão.* Respeitar a opinião dos outros, mesmo não concordando com ela, desculpando-lhes a ignorância e contribuindo para que mudem para melhor. "Não salientar a deficiência dos semelhantes, mas exaltar-lhes a melhor parte";[41]

- » *sigilo e discrição.* Procurar não fazer comentários posteriores.

---

38 XAVIER, Francisco Cândido. *Sinal verde*. Pelo Espírito André Luiz. CEC, 1951.
39 Id. *Agenda cristã*. Pelo Espírito André Luiz. FEB, 2012. Cap. 28.
40 Id. *Sinal verde*, pelo Espírito André Luiz. CEC, 1951.
41 VIEIRA, Waldo. *Sol nas almas*. Pelo Espírito André Luiz.

6.3.2 Doação de gêneros alimentícios, vestuário, medicamentos, materiais e utilidades em geral

De acordo com as possibilidades do centro espírita, podem ser distribuídos gêneros alimentícios, vestuário, medicamentos e demais utilidades, em caráter de atendimento emergencial, sempre vinculado, porém, ao programa de promoção desenvolvido pela entidade.

Recomenda-se sempre cuidado com o aspecto nutritivo e a apresentação do alimento oferecido.

Os medicamentos só poderão ser distribuídos mediante receita médica, observando-se ainda o prazo de validade do produto e a presença do profissional farmacêutico.

Podem ser promovidas campanhas para aquisição de gêneros e utilidades variadas, tais como campanha do quilo, campanha do arroz e feijão, campanha de conservas, campanha do pão, campanha do sabonete e pasta de dente, campanha de cobertores, roupas e sapatos em bom estado.

Todo material distribuído necessita ser registrado, com vistas à organização da tarefa.

6.3.3 Grupos de orientação, encaminhamento e convivência

Exemplos:

- » orientação para a gestação e os cuidados com os recém-nascidos;
- » orientação para o trabalho, por meio de encaminhamento a cursos profissionalizantes diversos;
- » orientação para o acesso aos direitos sociais, mediante interlocução e articulação com o Sistema Único de Assistência Social (SUAS) e demais políticas públicas;
- » encaminhamentos aos serviços da comunidade: atendimento médico-hospitalar, serviços jurídicos, creches, serviços de regularização de documentos etc.

O atendimento a atenções específicas, que exijam a presença de profissionais, como a de apoio jurídico, só poderá ser realizado se o centro espírita contar com trabalhadores qualificados para a tarefa.

De acordo com o tipo de atendimento, este poderá ser realizado durante o acolhimento ou em ocasiões ou reuniões específicas.

Se o atendimento for realizado em reuniões, estas devem ser desenvolvidas em clima de não formalidade e terão por objetivo não apenas dar informações e orientações gerais, mas também favorecer a reflexão, por meio do diálogo, a respeito do significado moral e social dos assuntos tratados na vivência dos participantes do grupo.

6.3.4 Grupos de estudo e convivência

Pontos básicos para formação e desenvolvimento dos *grupos de estudo e convivência*:

a) existência de coordenador habilitado para a tarefa;

b) estudo de conteúdos do Evangelho e da Doutrina Espírita, devidamente programados e aplicados às relações do cotidiano;

c) incentivo à ampla participação nas discussões desses conteúdos, com ênfase no diálogo e na reflexão sobre os mesmos, destacando-se sua influência no cotidiano;

d) exercício constante de cooperação e convivência, com intercâmbio de conhecimento e experiências sociais e religiosas.

6.3.5 Grupos de atividades, convivência e reflexão

Grupos formados por trabalhadores e usuários.

O propósito destes grupos é propiciar espaços relacionais para a construção da convivência, por meio de atividades práticas e exercício de reflexão à luz dos ensinos espíritas. Devem ser estimuladas relações de confiança, afetividade, respeito e solidariedade entre seus integrantes, com vistas ao desenvolvimento individual e fortalecimento de vínculos familiares e sociais.

Na organização e funcionamento dos grupos de atividades, convivência e reflexão devem ser observados os seguintes pontos:

» as possibilidades do centro espírita;

» a vocação local/regional de trabalho;

» o conhecimento e as habilidades dos trabalhadores da instituição;

» os interesses dos usuários.

Estes grupos executarão trabalhos práticos planejados segundo os interesses dos seus participantes. A realização das atividades tem duplo objetivo:

1º) Contribuir para a construção da convivência, por meio da reflexão e do exercício da confiança, da afetividade, da solidariedade e do respeito mútuo, exercício este que a realização de uma atividade em conjunto tende a facilitar.

2º) Desenvolver potencialidades e habilidades pela busca constante do melhor em relação à própria atividade.

Veja adiante quadro sugestivo de atividades:

QUADRO 1

ATIVIDADES GRUPAIS
• Atividades artísticas (música, teatro, narração de histórias, artes manuais, escultura, pintura, desenho).
• Atividades de produção (trabalho com sucata, argila, macramê, massa de modelar, madeira, costura, bordado, culinária).
• Atividades esportivas, lúdicas e culturais.

Observação: as atividades sugeridas no quadro acima, e outras do mesmo gênero, poderão ser também utilizadas pelos centros espíritas que optarem por desenvolver seus trabalhos socioassistenciais em conformidade com a Política Nacional de Assistência Social (PNAS), uma vez que tais atividades se inserem no contexto das normas da Tipificação Nacional de Serviços Socioassistenciais (Resolução 109/2009). Nesses casos, entretanto, deverão ser feitas as eventuais adaptações exigidas pela legislação.

Os grupos de atividades de convivência e reflexão, de acordo com as condições e características do centro espírita, poderão ser formados, inicialmente, para desenvolver atividade específica, ou, então, um gênero de atividades (artística; de produção, ou lúdica/cultural, por exemplo). Quem se inscrever no trabalho assistencial, independente da idade (adulto, adolescente ou criança), poderá ser incentivado a escolher um grupo segundo o seu interesse na atividade ou no gênero de atividades que será ali desenvolvido. No decorrer do processo de convivência, observadas as condições e a programação do centro espírita, bem como o conhecimento e as habilidades dos trabalhadores, outras atividades poderão ser desenvolvidas no mesmo grupo, se assim for o desejo dos participantes.

Outro critério de formação desses grupos é sua divisão por semelhança de idade — crianças, adolescentes, adultos (jovens/idosos) —, aproveitando-se os interesses comuns entre as pessoas de faixas etárias semelhantes. Os grupos, assim constituídos, poderão realizar uma ou mais atividades, de acordo com as possibilidades do centro espírita, o conhecimento e as habilidades dos trabalhadores e o interesse dos usuários.

Se for utilizado esse último critério, o centro espírita poderá incluir em sua programação momentos ou encontros intergeracionais, inclusive com as famílias, para facilitar o compartilhamento de vivências e experiências entre pessoas de diversas faixas etárias

Para facilitar o processo de convivência e o exercício de reflexão, esses grupos não devem ser constituídos por muitos participantes. A experiência demonstra ser mais produtiva a formação de grupos de 15 frequentadores, aproximadamente. Propõe-se a realização de um trabalho individualizado e não massificado, uma vez que, embora a mensagem seja coletiva, as dificuldades são individuais.

Durante a realização das atividades serão tratados assuntos que digam respeito à problemática dos integrantes do grupo. Esses assuntos formarão o conjunto de temas geradores de debates e reflexões e serão selecionados pelo próprio grupo à medida que seus integrantes se conheçam e se sintam à vontade para externar seus problemas e preocupações. Veja exemplos de temas geradores mais comuns.

QUADRO 2

TEMAS GERADORES:
• Morte;
• Conflitos familiares e entre vizinhos;
• Conflitos na escola;
• Trabalho e renda;
• Aborto. Gravidez na adolescência;
• Suicídio;
• Violência (social e doméstica);
• Separação conjugal;
• Sexualidade.

Cada tema gerador oferecerá oportunidade para o compartilhamento de vivências e experiências culturais, sociais, morais, filosóficas e religiosas, fato que contribuirá não só para o possível enriquecimento de concepções individuais e coletivas, como também para o exercício do respeito à diversidade de crenças, opiniões e culturas, em benefício da convivência.

Assim, alguns conteúdos de vivência cristã e filosofia espírita deverão ser trazidos à discussão dos temas geradores, sempre sob o enfoque do diálogo interreligioso e filosófico, sem imposições, com incentivo e total respeito à manifestação das crenças e opiniões de todos os integrantes do grupo. Veja-se exemplos desses conteúdos.

QUADRO 3

CONTEÚDOS DE VIVÊNCIA CRISTÃ E FILOSOFIA ESPÍRITA:
• A alegria e a paz;
• O amor, a fraternidade, a solidariedade, a igualdade;
• O perdão;
• A caridade;
• A disciplina;
• A pessoa de bem;
• A existência, a providência e a justiça de Deus;
• A misericórdia, a sabedoria e a bondade divina;
• A Lei de Causa e Efeito;
• A reencarnação;
• O progresso espiritual.

Esses encontros grupais constituem momentos excelentes para revisão de hábitos, práticas e valores cotidianos. Assim, é de grande valia que se aproveite, por exemplo, as experiências lúdicas, para discussão do significado do hábito de *brincar juntos*, e o compartilhamento de refeições entre coordenadores e usuários (*em toda reunião, se possível, deve ser oferecida essa oportunidade*), para aprofundar o conceito de comunhão, no ato de *comer juntos*, reforçando-se as ideias de igualdade e de solidariedade.

Cada grupo deve ter um coordenador, que o conduzirá de tal modo que facilite a participação e a interação de todos os seus componentes, inclusive, se necessário, auxiliando os usuários a realizarem as respectivas atividades práticas.

Se o grupo ultrapassar o número de 15 participantes, torna-se necessária a existência de mais coordenadores, que dividirão a tarefa entre si, responsabilizando-se cada um pela condução de um subgrupo de 15 componentes, aproximadamente. No final das atividades, os subgrupos poderão reunir-se para compartilhamento de experiências e reflexões.

É essencial que o coordenador busque capacitar-se para a tarefa assumida, por meio do estudo continuado da Doutrina Espírita e pela aquisição de conhecimentos específicos que o ajudem a interagir com o grupo, sobretudo no que diz respeito ao uso de linguagem adequada à compreensão de todos os participantes.

O coordenador deverá planejar todas as atividades a serem desenvolvidas no grupo, podendo elaborar roteiro que o oriente no desenvolvimento do tema gerador.

O roteiro terá por objeto a orientação de conversa em torno do tema proposto. Conterá apenas as ideias fundamentais, que possam estimular a reflexão, e o seu desenvolvimento seguirá o rumo natural da conversa, com incentivo à participação de todos, inclusive possibilitando a introdução de temas correlatos, se emergirem do grupo. Como se trata de uma conversa, a elaboração de algumas perguntas a serem feitas ao grupo pode ser boa estratégia para estimular-se a participação e a reflexão.

Cabe ao coordenador manter o equilíbrio entre a realização da atividade e a conversa que está sendo desenvolvida, sem pressa de tratar de todos os tópicos do roteiro que elaborou, lembrando que o objetivo a ser atingido diz respeito à reflexão sobre o ponto que está sendo discutido, e não o tratamento integral de determinado conteúdo. Ademais, cada tema gerador poderá ser desenvolvido em vários encontros.

Assim, em princípio, não será de bom proveito, interromper-se a atividade que está sendo realizada para provocar a reflexão sobre determinado tema. Toda atividade tem por propósito a sua própria realização, o qual não deve ser relegado ao segundo plano. Nesse sentido, as reflexões devem ser incentivadas nos momentos que se apresentarem espontâneos, nos intervalos naturais da atividade ou no final da sua execução.

No decorrer da conversação, vários recursos podem ser utilizados, tais como histórias, dramatizações, gravuras, ilustrações, cartazes, murais e a mídia de um modo geral.

6.3.6 Grupos de famílias, convivência e reflexão

Grupos formados por conjunto de famílias, para reflexão de temas que afetam a família como um todo. O número total de integrantes do grupo segue a mesma constituição de 15 a 20 pessoas e um coordenador. O propósito desses grupos é propiciar oportunidades vivenciais de convivência fraterna em família, com espaço para a escuta mútua entre familiares, na busca do fortalecimento de vínculos. Os temas a serem trabalhados são retirados da observação da realidade local, podendo também ser sugeridos pelas famílias participantes, de acordo com a percepção das próprias necessidades. Alguns exemplos de temas:

- » O evangelho no lar;
- » Comunicação não-violenta em família;
- » Gentileza gera amor e paz;
- » Amor em família;
- » Hábitos de higiene;
- » Respeito aos bens públicos e privados;
- » Incentivo à leitura;
- » Cooperação no lar;
- » Projetos de vida.

6.3.7 Palestras socioeducativas

Durante o período de atendimento assistencial os frequentadores poderão ser convidados para assistirem a palestras socioeducativas. Sugere-se que tais palestras sejam conduzidas de modo a propiciar ampla participação nas discussões dos temas tratados e compartilhamento de experiências. Alguns desses temas são sugeridos no quadro subsequente.

QUADRO 4

TEMAS PARA PALESTRAS SOCIOEDUCATIVAS:
Perigos da automedicação;
Dependência química;
Benefícios socioassistenciais;
Bens públicos e privados;
Mal de Alzheimer/Parkinson;
Cuidados com a alimentação;
Estatuto do idoso;
Estatuto da criança e do adolescente;
Direitos sociais;
Benefícios previdenciários.

6.4 Organização e funcionamento

As atividades da Área de Assistência e Promoção Social Espírita devem ser realizadas, como já visto, de forma integrada, com orientação doutrinária e assistência espiritual, observando-se o total respeito à diversidade social, cultural e religiosa, de modo que possam constituir-se em um dos meios para o desenvolvimento do ser humano, em todas as suas características e formas de manifestação.[42]

Não se devem desconsiderar os rumos que norteiam a atividade de assistência social no Brasil, e menos ainda infringir alguma norma legal. Assim, os centros espíritas, independentemente do porte do trabalho realizado, deverão adequar-se, no que couber, à legislação específica vigente.[43]

Para a realização do trabalho assistencial, entretanto, não se requer que o centro espírita se vincule aos registros exigidos pelo Poder Público, uma vez que tal procedimento será opção sua, após fazer acurado exame das próprias condições logísticas e financeiras. De observar que o centro espírita somente deverá aceitar auxílio, doação, contribuição ou subvenção, bem como firmar convênios, quando desvinculados de compromissos que modifiquem o caráter espírita da instituição e não prejudiquem o exercício das atividades rotineiras, preservando, em qualquer hipótese, sua independência administrativa.

Os centros espíritas que optarem pelo registro nos Conselhos Municipais, Estaduais e Nacional de Assistência Social e outros órgãos, além das orientações deste documento, deverão seguir a legislação específica para a organização e realização das atividades assistenciais, estruturando-se devidamente para isso, em consonância com a Política Nacional de Assistência Social.

Os centros espíritas que fazem trabalhos socioassistenciais semelhantes e prestam serviços diferenciados devem avaliar a oportunidade de realizar esses trabalhos em rede social.

Dessa forma, haverá as seguintes vantagens:

» atendimento à mesma população, com melhoria de qualidade nos serviços prestados;

» soma de experiências e esforços;

» fortalecimento do trabalho em equipe;

» vivência da união;

---

42 FEDERAÇÃO ESPÍRITA BRASILEIRA. *Orientação ao centro espírita*. Cap. 8, it. 4-a.
43 Id. Cap. 8, it. 5-e.

> » contribuição para a unificação do Movimento Espírita.

Os centros espíritas, quanto possível, devem manter interlocução e articulação com o Sistema Único de Assistência Social (SUAS), recebendo ou encaminhando demandas específicas para mais bem atender às pessoas, em situação de risco, de vulnerabilidade pessoal e social, que os procuram, esclarecendo-as e orientando-as para a busca dos seus direitos sociais.

6.5 Registros documentais

Todas as atividades e atendimentos devem ser registrados e controlados. A elaboração de relatórios periódicos a propósito do desenvolvimento do trabalho da APSE será objeto da rotina do centro espírita, com vistas ao cumprimento dos objetivos promocionais do trabalho assistencial.

É importante, ainda, que o centro espírita mantenha registro atualizado de todos os participantes dos trabalhos assistenciais, para controle e acompanhamento das atividades desenvolvidas.

Ao final de cada ano deve ser elaborado relatório para prestação de contas do trabalho realizado com base no plano de ação elaborado pelo centro espírita. Tanto o plano de ação quanto o relatório de atividades assistenciais devem estar disponíveis, uma vez que podem ser alvo de eventual solicitação dos órgãos governamentais, ainda que o centro espírita não seja uma entidade de assistência social, na forma da lei.

6.6 Planejamento, cronograma e avaliação do trabalho

A Área de assistência e promoção social espírita

> deve seguir cuidadoso planejamento, observando a necessidade de colaboradores, de funcionários e de recursos materiais e financeiros, sobretudo quando envolva despesas permanentes, a fim de evitar-se deficiente atendimento ou paralisação da tarefa por falta de recursos. Recorde-se que a caridade, segundo o Apóstolo Paulo, não é temerária, nem age com precipitação.[44]

---

44 FEDERAÇÃO ESPÍRITA BRASILEIRA. *Orientação ao centro espírita*. Cap. 8, it. 4-c.

O centro espírita deve elaborar planejamento contemplando as atividades que pretende desenvolver, de acordo com as próprias condições e características. Por isso, há que ser feita, preliminarmente, análise dos recursos materiais e dos trabalhadores disponíveis, para que tal planejamento esteja dentro de suas possibilidades reais. É preciso também que se realize estudo das necessidades da população a ser atendida, definindo-se as ações que serão executadas.

6.7 Recursos materiais disponíveis

6.7.1 Local

A assistência e promoção social espírita, como atividade básica do centro espírita, caracteriza-se pela simplicidade.

É preciso preservar a simplicidade no centro espírita, abstendo-se do uso de enfeites excessivos, jogos de luz, paramentos e uniformes.[45]

6.7.2 Recursos financeiros

A sustentação financeira do centro espírita deve decorrer de contribuições espontâneas, colaborações de sócios e outros meios que estejam de acordo com a ética espírita, evitando-se, assim, a utilização de instrumentos como tômbolas, bingos, rifas, bailes beneficentes e outros, não aconselháveis pelo Espiritismo.[46]

As atividades de assistência e promoção social espírita que envolvam a aceitação de recursos financeiros reclamam a apresentação periódica de relatórios de prestação de contas. Esses relatórios serão afixados em lugar visível no centro espírita, como satisfação justa e necessária aos cooperadores, atendendo-se, ainda, com tal procedimento, aos preceitos legais vigentes.[47]

Assim, seguindo-se as diretrizes do opúsculo *Orientação ao centro espírita*, é preferível que se inicie o trabalho assistencial de *forma* modesta, ampliando-o apenas quando as condições gerais para a sua manutenção o permitirem.

---

45 FEDERAÇÃO ESPÍRITA BRASILEIRA. *Orientação ao centro espírita*.
46 Id. Ibid. Cap. 9, it. 6-d.
47 Id. Ibid. Cap. 8, it. 5-a.

6.7.3 Recursos da comunidade

O centro espírita nem sempre tem as condições necessárias para atender as pessoas em situação de risco, de vulnerabilidade pessoal e social que o procuram. Muitas vezes necessita lançar mão dos serviços de outras instituições da comunidade onde se insere, ou do local de origem dessas pessoas.

Para tanto, é recomendado manter registros atualizados dessas instituições. Não basta, entretanto, colher os respectivos dados num catálogo. É conveniente que sejam feitos contatos pessoais nos locais julgados de interesse para o trabalho, como creches, escolas públicas, cursos profissionalizantes, postos de saúde, hospitais, prontos-socorros, farmácias, serviços de documentação, de orientação jurídica e outros pontos de atendimento.

CAPÍTULO 7

O TRABALHADOR VOLUNTÁRIO

7.1. Convite e formação continuada de trabalhadores

Os centros espíritas devem reunir, convidar e formar continuamente seus trabalhadores para a tarefa da assistência e promoção social espírita. É preferível fazer um trabalho modesto, mas de boa qualidade, a buscar realizações de grande vulto dentro da improvisação e da imprevidência. [48]

7.1.1 Convite

A APSE oferece grandes oportunidades de serviço para trabalhadores e usuários da instituição espírita.

"[...] o centro espírita [...] deve proporcionar aos seus frequentadores oportunidade de exercitar o seu aprimoramento íntimo pela vivência do Evangelho em seus trabalhos [...] de assistência e promoção social."[49]

Os participantes das reuniões de estudos doutrinários, em especial, e os jovens integrantes da *Juventude Espírita* deverão ser sempre convidados a colaborar nas atividades de assistência e promoção espírita, a fim de que tenham oportunidade de vivenciar a caridade, no conceito amplo aprendido nas reuniões de estudos do Espiritismo, junto às pessoas e famílias em situação de vulnerabilidade e/ou risco social.[50]

Para isso, faz-se necessária, primeiramente, a divulgação das atividades da APSE, endereçando-se convites às pessoas interessadas. Em seguida, devem ser realizadas reuniões de esclarecimento sobre as tarefas a serem desenvolvidas, ou que já estejam em desenvolvimento, apresentando-se às pessoas convidadas o

---
48 FEDERAÇÃO ESPÍRITA BRASILEIRA. *Orientação ao centro espírita*. Cap. 8, it. 4-e.
49 Id. Ibid. Anexo 1, considerando no 6.
50 Id. Ibid. Cap. 8, it. 5-c.

programa assistencial do centro espírita. Os que desejarem integrar-se no trabalho deverão participar das reuniões de formação continuada para a tarefa.

Sugestões de instrumentos para o convite:

> » cartazes que divulguem o trabalho da APSE e convidem as pessoas interessadas. Esses cartazes devem ser colocados em lugares visíveis ao público frequentador do centro espírita;
> » cartas aos frequentadores do centro espírita (entregues pessoalmente, pelo correio ou via e-mail), as quais podem ser acompanhadas de mensagem sobre o trabalho assistencial;
> » convites feitos nas diversas reuniões do centro espírita;
> » convites publicados em jornais e revistas (tipo carta aberta);
> » campanhas entre amigos;
> » reuniões abertas a todos os frequentadores do centro espírita, versando sobre temas assistenciais;
> » divulgação do trabalho assistencial realizado pelo centro espírita, por meio de *site* eletrônico da instituição, de página no *facebook* ou outros instrumentos de mídia a que tenha acesso.

7.1.2 Formação continuada

Entende-se por formação continuada de trabalhadores o conjunto de atividades que tem por objetivo prepará-los e mantê-los atualizados para o desempenho das suas tarefas no centro espírita. A formação para a assistência e promoção social espírita abrange, basicamente, a compreensão do conteúdo deste documento, com realce nos deveres e responsabilidades inerentes à tarefa. A legislação na área da Assistência Social exige constantes estudos e atualizações, devendo tais estudos ser também incluídos nessa formação.

O processo de formação continuada requer a realização de várias reuniões, inclusive, se necessário, treinamentos intensivos de um ou mais dias.

De período em período, é importante proceder-se à atualização de conhecimentos, com vistas à dinamização e ao desenvolvimento do trabalho.

Prática bastante proveitosa é a promoção, pelos órgãos de unificação, de encontros de coordenadores da APSE, abrangendo vários centros espíritas de um mesmo Estado ou microrregião, para intercâmbio de informações e compartilhamento de experiências.

Reuniões para formação continuada de trabalhadores

Recomenda-se que as reuniões sejam desenvolvidas de tal forma que estimulem a reflexão sobre os conteúdos necessários à formação do trabalhador, tendo por base as obras da Codificação Espírita e as que lhe são complementares e subsidiárias; os documentos orientadores do Conselho Federativo Nacional e seus desdobramentos, em especial este documento de *Orientação à Assistência e Promoção Social Espírita*, e outras tantas produções, inclusive de ordem legal, que forem consideradas úteis para o mister.

Interação de trabalhadores e usuários

Para o êxito do trabalho socioassistencial, é necessária a interação dos seus trabalhadores. Eles precisam conhecer um ao outro e compreender a proposta de trabalho, para que tenham condições de integrar-se na tarefa.

Para que se efetive o trabalho em equipe é preciso:

- » bom relacionamento entre os componentes do grupo;
- » divisão do trabalho: cada um com as suas atribuições bem definidas;
- » respeito mútuo;
- » responsabilidade.

Um trabalho assim desenvolvido implica diversas vantagens, tais como:

- » canalização de esforços num só sentido, gerando maior produtividade na ação;
- » mais rendimento em todas as tarefas realizadas;
- » amadurecimento do grupo e de cada um dos seus membros.

Os usuários também devem ser estimulados a interagir com os trabalhadores e entre si, criando laços fraternos que os harmonizem com a tarefa assistencial. Isso contribuirá para seu aprendizado, ajudando-os a mudarem hábitos inadequados à sua melhoria de vida. Daí a necessidade de construção de espaços de convivência entre usuários e trabalhadores, construção essa que poderá ser facilitada com a realização das atividades descritas no capítulo 6 deste documento.

7.2 Características a serem desenvolvidas pelos trabalhadores

» Espontaneidade para o serviço. O chamamento para o trabalho não se dá pelo acaso.

» Doação altruísta. Não esperar recompensas ou agradecimentos; não aguardar privilégios, mas servir pelo prazer de servir; ter atitude íntima de compromisso consigo mesmo, com o próximo e com Deus.

» Atitude simpática e amiga. Saber colocar-se no lugar do outro (empatia), compreendendo as suas dificuldades.

» Bom relacionamento. Olhar cada ser em sua integralidade: física, psíquica, moral, social e espiritual, considerando todos como membros de uma só família.

» Amor. Procurar vivenciar o "amai-vos uns aos outros", recomendado por Jesus, no convívio com os usuários e os companheiros de tarefa, aprimorando-se íntima e socialmente; mostrar-se sempre interessado no trabalho, fazendo-o com prazer, alegria e carinho.

» Respeito à individualidade e personalidade dos usuários. Aceitá-los como Espíritos em evolução, compreendê-los e ajudá-los, estimulando-os a saírem do estado de acomodação e a se desenvolverem.

7.3 Responsabilidades dos trabalhadores

Os trabalhadores da APSE são participantes de equipes de trabalho integradas não apenas por companheiros encarnados, mas também, como ensina o Espiritismo, por Espíritos amigos. Dessa forma, possuem uma série de responsabilidades, tais como:

» respeito pela realização do trabalho;

» não criticar, mas saber apresentar sugestões após conhecer a tarefa e sentir-se plenamente integrado nela; não desenvolver atividade individual paralela ao da sua equipe, ou seja, nada prometer ou dar aos usuários que não esteja de acordo com o programa da APSE, buscando seguir as orientações recebidas;

» assiduidade e pontualidade nas tarefas programadas;

» ordem, sequência e perseverança. Fazer sempre o melhor, enfrentando as dificuldades que surgirem, tais como falta de pessoal e recursos financeiros;

» receptividade à avaliação de desempenho. Considerar a necessidade de aprimoramento das tarefas a seu cargo;

» formação doutrinária dos trabalhadores.

Ao trabalhador espírita requer-se o estudo constante do Espiritismo. Especificamente, na tarefa assistencial, reclama-se o seu entendimento dos problemas humanos e sociais à luz da Doutrina Espírita, a fim de que possa compartilhar estudos e reflexões com os usuários da APSE, naturalmente exemplificando e estimulando o pleno respeito à cultura, às crenças e às opiniões individuais. De acordo com os princípios espíritas, é dever de cada um dar o melhor de si para ajudar o semelhante a sair das próprias dificuldades, em cumprimento da Lei de Amor que sustenta o Universo.

CAPÍTULO 8

INTEGRAÇÃO DA APSE COM AS DEMAIS ÁREAS DO CENTRO ESPÍRITA

Assim nós, que somos muitos, somos um só corpo em Cristo, mas individualmente somos membros uns dos outros (Romanos, 12:5).

O centro espírita deve estimular o trabalho em equipe, bem como a capacitação permanente de trabalhadores para todas as áreas, quer internamente, quer por meios disponibilizados pelos Órgãos de Unificação do Movimento Espírita.[51]

Para propiciar ao centro espírita o atendimento de suas finalidades, torna-se necessário o trabalho coletivo e cooperativo de suas diversas áreas, possibilitando-se a conjugação de esforços em torno de objetivos comuns, dentro de um clima de convivência fraterna.

As atividades nem sempre estarão organizadas nas mesmas áreas, uma vez que tal organização fica a critério do centro espírita, de acordo com suas características e possibilidades.

Seja qual for a estrutura organizacional da instituição, contudo, é importante que se estabeleça um sistema de interação de atividades, por meio do planejamento em conjunto e do fortalecimento do trabalho em equipe. Essa abordagem integrada também contribuirá para ampliar a percepção de integralidade do trabalhador e do frequentador do centro espírita, em sua feição multidimensional: espiritual, psíquica, moral, social e material, independentemente da área em que possa atuar.

---

51 FEDERAÇÃO ESPÍRITA BRASILEIRA. *Orientação ao centro espírita.* Cap. 9, it. 6-i.

8.1 APSE e área de atendimento espiritual

Como o ponto de partida para o atendimento das pessoas que procuram o centro espírita, em situação de vulnerabilidade ou risco pessoal e/ou social, é o seu acolhimento, por meio do diálogo fraterno, a APSE deverá funcionar em plena integração com a Área de atendimento espiritual, que estabelece os procedimentos adequados para essa tarefa.

8.2 APSE e área de estudos

O trabalhador espírita, de qualquer área de atuação, deve ter o comprometimento de estudar continuamente o Espiritismo, não só para esclarecimento próprio, mas também para atender, de forma adequada, as pessoas que procuram a instituição.

Assim, deve ser oferecida aos trabalhadores da APSE a oportunidade de participação nas reuniões de estudos doutrinários. Para isso, as atividades da APSE e as das reuniões de estudos doutrinários devem ser desenvolvidas, preferencialmente, em horários diferentes.

Note-se, ainda, que a Área de estudos doutrinários é ponto estratégico para seleção de trabalhadores para a APSE, que necessita, assim como as demais áreas, de trabalhadores comprometidos com o estudo da Doutrina Espírita e esclarecidos sobre as próprias responsabilidades no Movimento Espírita. As atividades da área de estudos também devem ser oferecidas às pessoas atendidas pela APSE, como uma possibilidade de estudo do Espiritismo e de inserção no centro espírita, se assim o desejarem.

8.3 APSE e área da mediunidade

Outra área com fortes vínculos com a APSE é a da mediunidade, uma vez que todo aquele que busca o centro espírita está à procura de equilíbrio espiritual, mesmo que disso ainda não tenha a devida consciência. Sendo assim, a área da mediunidade pode contribuir significativamente, por orientações específicas e/ou passes, de acordo com as necessidades ou o interesse de cada um.

8.4 APSE e áreas de educação, de família, de infância e juventude

Para melhor atender o público inserido na APSE, o centro espírita deve trabalhar com as famílias, buscando envolver, em suas atividades, a criança, o adolescente e o adulto de todas as faixas etárias, fato que leva à interação da APSE com as áreas de educação; de família; de infância e juventude, com vistas ao compartilhamento das melhores estratégias de comunicação e convivência, envolvendo crianças, adolescentes e adultos.

Em especial, o estreitamento de vínculos com a *Juventude Espírita* proporcionará aos jovens excelente oportunidade de desenvolvimento de seu processo educativo à medida que contribuem para a realização da tarefa assistencial.

8.5 APSE e área de comunicação social

A área de comunicação social é importante espaço de interação com a APSE, como, aliás, com todas as áreas do centro espírita, pois o processo de comunicação é básico para permear informações e esclarecimentos, favorecendo a convivência em benefício do trabalho comum.

8.6 APSE e área administrativa do centro espírita

A área administrativa é a responsável pelo funcionamento do centro espírita de forma compatível com sua estrutura organizacional e a legislação vigente. É importante que se tenha conhecimento dos dados atualizados de todos os trabalhos socioassistenciais, para controle e acompanhamento das atividades desenvolvidas e prestação de contas, circunstância que torna de extrema valia a integração desta área com a da APSE. Ademais, é importante que a APSE conheça os trâmites orçamentários do centro espírita, para se integrar ao planejamento das atividades, na possibilidade de uso dos recursos disponíveis e na sustentabilidade da instituição, oferecendo, inclusive, alternativas de captação de recursos para a casa espírita.

MENSAGEM FINAL

Remuneração espiritual[52]

> *O lavrador que trabalha deve ser o primeiro a gozar dos frutos*
> (PAULO – II Timóteo, 2:6).

Além do salário amoedado, o trabalho se faz invariavelmente, seguido de remuneração espiritual respectiva, da qual salientamos alguns dos itens mais significativos: acende a luz da experiência; ensina-nos a conhecer as dificuldades e problemas do próximo, induzindo-nos, por isso mesmo, a respeitá-lo; promove a autoeducação; desenvolve a criatividade e a noção de valor do tempo; imuniza contra os perigos da aventura e do tédio; estabelece apreço em nossa área de ação; dilata o entendimento; amplia-nos o campo das relações afetivas; atrai simpatia e colaboração; extingue, pouco a pouco, as tendências inferiores que ainda estejamos trazendo de existências passadas.

Quando o trabalho, no entanto, se transforma em prazer de servir, surge o ponto mais importante da remuneração espiritual: toda vez que a Justiça Divina nos procura no endereço exato para execução das sentenças que lavramos contra nós próprios, segundo as leis da causa e efeito, se nos encontra em serviço ao próximo, manda a Divina Misericórdia que a execução seja suspensa, por tempo indeterminado.

E, quando ocorre, em momento oportuno, o nosso contato indispensável com os mecanismos da justiça terrena, eis que a influência de todos aqueles a quem, porventura, tenhamos prestado algum benefício aparece em nosso auxílio, já que semelhantes companheiros se convertem espontaneamente em advogados naturais de nossa causa, amenizando as penalidades em que estejamos incursos ou suprimindo-as, de todo, se já tivermos resgatado em amor aquilo que devíamos em provação ou sofrimento, para a retificação e tranquilidade em nós mesmos.

---

[52] Página psicografada pelo médium Francisco Cândido Xavier, publicada no livro *Perante Jesus*.

Reflitamos nisso e concluamos que trabalhar e servir, em qualquer parte, ser-nos-ão sempre apoio constante e promoção à Vida Melhor.

EMMANUEL

LEITURA RECOMENDADA

AGUAROD, Angel. *Grandes e pequenos problemas*. FEB. Cap. 7 e 8.

JACINTHO, Roque. *Anália Franco, a benfeitora*. FEB.

KARDEC, Allan. *O livro dos espíritos*. Trad. Guillon Ribeiro. FEB. Q. 208, 573, 582, 625, 632, 642, 707, 768, 774, 775, 779, 813, 876, 889, 914, 917, 918, 920, 921, 929 e 931.

_____. *O livro dos médiuns*. Trad. Guillon Ribeiro. FEB. 1ª pt., cap. 3, it. 28, 3º, it. 30.

_____. *O evangelho segundo o espiritismo*. Trad. Guillon Ribeiro. FEB. Cap. 13, it. 1, 3, 7, 8, 9, 11, 14, 15, 17, 19 e 20; cap. 16, it. 11 e 13; cap. 17, it. 3, 4 e 10.

_____. *Obras póstumas*. Trad. Guillon Ribeiro. FEB. 2ª pt., Fora da caridade não há salvação.

NOVELINO, Corina. *Eurípedes, o homem e a missão*. IDE.

SARMENTO, Helder Boska de Moraes; PONTES, Reinaldo Nobre; PAROLIN, Sonia Regina Hierro. *Conviver para amar e servir*. FEB.

USEERJ. *Manual de administração das instituições espíritas* (recomendado pelo CFN.) Rio de Janeiro: USEERJ.

VALENTE, M.A. e outros. *Serviço assistencial espírita*. USE.

_____. *Grupo de gestantes*. USE.

_____. *Grupo de mães*. USE.

_____. *O idoso no centro espírita*. USE.

VIEIRA, Waldo. *Conduta espírita*. Pelo Espírito André Luiz. FEB. Cap. 11 e 12.

XAVIER, Francisco Cândido. *Agenda cristã*. Pelo Espírito André Luiz. FEB.

_____. *Brasil, coração do mundo, pátria do evangelho*. Pelo Espírito Humberto de Campos. FEB.

_____. *Cartas e crônicas*. Pelo Espírito Irmão X. FEB. Cap. 1.

_____. *Contos e apólogos*. Pelo Espírito Irmão X. FEB. Cap. 30.

_____. *Jesus no lar*. Pelo Espírito Neio Lúcio. FEB.

_____. *Obreiros da vida eterna*. Pelo Espírito André Luiz. FEB. Cap. 12.

_____. *O consolador*. Pelo Espírito Emmanuel. FEB. Q. 107, 121, 188, 189, 190, 191, 234 e 256.

_____. *Paulo e Estêvão*. Pelo Espírito Emmanuel. FEB.

_____. *Roteiro*. Pelo Espírito Emmanuel. FEB. Cap. 16.

REFERÊNCIAS

BRASIL. Constituição da República Federativa do Brasil de 1988.

BRASIL, Lei nº 8.742, de 7 de dezembro de 1993. Dispõe sobre a organização da Assistência Social e dá outras providências.

FEDERAÇÃO ESPÍRITA BRASILEIRA. *Orientação ao centro espírita.* Conselho Federativo Nacional. Rio de Janeiro: FEB, 2007.

FEDERAÇÃO ESPÍRITA BRASILEIRA. *A adequação do centro espírita para o melhor atendimento de suas finalidades.* Conselho Federativo Nacional.

FRANCO, Divaldo Pereira. *Dignificação do homem e da sociedade* – Dirigente espírita. USE – 29/3, maio–junho, 1995.

KARDEC, Allan. *O livro dos espíritos.* Trad. Guillon Ribeiro. 93. ed. 4. imp. Brasília: FEB, 2017.

_____. *O evangelho segundo o espiritismo.* Trad. Guillon Ribeiro. 131. ed. 9 imp. Brasília: FEB, 2017.

_____. *O céu e o inferno.* Trad. Guillon Ribeiro. 61. ed. 1. reimp. Rio de Janeiro: FEB, 2006.

_____. *Revista Espírita.* Jul. 1866. Trad. Evandro Noleto Bezerra. 2. ed. Rio de Janeiro: FEB, 2007.

MINISTÉRIO do Desenvolvimento Social e Combate à Fome. PNAS – *Política Nacional de Assistência Social/2004.* Brasília, nov. 2005.

MONTEIRO, Simone Rocha da Rocha Pires. *O marco conceitual da vulnerabilidade social.* In: *Sociedade em Debate.* Pelotas, 17(2): 29-40, jul./dez., 2011.

VIEIRA, Waldo. *Sol nas almas,* pelo Espírito André Luiz. 3. ed. Uberaba, MG: CEC, 1974. Cap. 16 e 20.

VINICIUS, Pedro de Camargo. *Na escola do Mestre.* 4. ed. São Paulo: FEESP, 1981.

XAVIER, Francisco Cândido. *Agenda cristã*. Pelo Espírito André Luiz. 45. ed. 8. Imp. Brasília: FEB, 2017.

_____. *Fonte de paz*. Por Espíritos diversos. 5. ed. Araras, SP: IDE, 2009.

_____. *Perante Jesus*. Pelo Espírito Emmanuel. São Paulo: Ideal, 1990.

_____. *Sinal verde*. Pelo Espírito André Luiz. Uberaba, MG: CEC, 1951. Cap. 48 e 49.

GLOSSÁRIO

Adolescente: pessoa na faixa etária de 12 a 18 anos.

Apoio às necessidades básicas: distribuição de recursos materiais para garantir ao atendido os bens essenciais à vida.

Atendimento eventual: é a ação realizada de forma não planejada, para atendimento de uma necessidade imediata.

Cidadania: é a qualidade ou estado de cidadão, no uso de direitos e deveres.

Cidadão: indivíduo no gozo de direitos civis e políticos, e de deveres perante o Estado.

Comunidade: grupo social que vive em determinada região, tem o mesmo governo e possui uma só herança cultural e histórica.

Criança: pessoa na faixa etária de 0 a 12 anos.

Extrema pobreza: estado de privação absoluta de bens essenciais à condição humana e à própria sobrevivência.

Família: grupo de pessoas, ligadas por laços de parentesco ou não, convivendo sob o mesmo teto.

Favela (ocupações, vilas, grilos): conjunto de habitações populares, precariamente construídas, com deficiência de urbanização e recursos comunitários.

Grupo de geração de renda: conjunto de pessoas reunidas com a finalidade de confeccionar e comercializar determinados produtos, visando à complementação da renda familiar.

Idoso: pessoa na faixa etária acima de 60 anos.

Instituição filantrópica: entidade, com personalidade jurídica e sem objetivo de lucro, que visa à prestação de serviços à comunidade.

Mercado de trabalho: conjunto de oportunidades de trabalho oferecido pelos vários segmentos da sociedade.

Planejamento familiar: esclarecimentos e orientações sobre métodos de prevenção da gravidez, qualidade de vida, relacionamento familiar e dignidade da família.

Profissionalização: qualificação profissional específica do indivíduo.

Voluntário: pessoa que presta serviço sem remuneração à entidade pública ou à entidade privada sem fins lucrativos.

Vulnerabilidade e risco social: diferentemente da assistência social, que tem por objetivo prover as necessidades básicas dos indivíduos, o conceito de vulnerabilidade social vai para além do não atendimento dessas necessidades básicas. Conforme a Política Nacional de Assistência Social (PNAS/2004), "a vulnerabilidade à pobreza está relacionada não apenas aos fatores da conjuntura econômica e das qualificações específicas dos indivíduos, mas também às tipologias ou arranjos familiares e aos ciclos de vida das famílias". Dessa forma, segundo Monteiro (2011, p. 32), população em situação de vulnerabilidade e risco social é aquela que está sujeita a exposição e riscos de diferentes naturezas, sejam eles econômicos, culturais ou sociais, que colocam diferentes desafios para seu enfrentamento mostrando-se necessária uma intervenção por parte da política pública de Assistência Social por meio das organizações e instituições, públicas ou privadas, de assistência social.

ANEXO 1

LEGISLAÇÃO BÁSICA DA ASSISTÊNCIA SOCIAL

1.1 Fundamentos constitucionais. Constituição federal de 1988

Esse dispositivo está regulamentado pela Lei nº 8.742 — Lei Orgânica da Assistência Social (LOAS) —, que, em seu artigo 1º, define a assistência social da seguinte forma:

A Assistência Social, direito do cidadão e dever do Estado, é Política de Seguridade Social não contributiva, que provê os mínimos sociais, realizada através de um conjunto integrado de ações de iniciativa pública e da sociedade, para garantir o atendimento às necessidades básicas.

É uma nova concepção de assistência. Supera a tradicional filantropia, que atravessou os séculos no Brasil, em sua prática assistencialista, e adquire o enfoque da promoção social.

É importante registrar que as leis, a exemplo da Lei Orgânica da Assistência Social (LOAS), são, de acordo com *O livro dos espíritos* (q. 797), "fruto das forças das coisas e da influência das pessoas sobre o progresso."

A LOAS estabelece que os direitos sejam garantidos mediante serviços, programas e projetos implantados nos municípios, propondo, para isso, a criação de Conselhos Municipais de Assistência Social (CMAS). Os CMAS têm poderes deliberativos sobre a política municipal de assistência social em nome das organizações governamentais e não governamentais.

Isso significa que as instituições filantrópicas, historicamente comprometidas com o enfrentamento da pobreza, na qualidade de prestadoras de assistência, passam a participar, a partir da LOAS, do estabelecimento das políticas, na definição das prioridades e no controle social e monitoramento de verbas.

A Política Nacional de Assistência Social – PNAS é também um marco nesse processo, visto que apresenta a possibilidade de desenvolvimento de trabalhos com famílias e não somente com grupos de indivíduos isolados, ampliando, assim, a concepção de trabalho social, que passa a ter não apenas abordagem interventiva, mas, sobretudo, de promoção integral do ser humano.

Art. 203 – A assistência social será prestada a quem dela necessitar, independentemente de contribuição à seguridade social, e tem por objetivos:

I – a proteção à família, à maternidade, à infância, à adolescência e à velhice;

II – o amparo às crianças e adolescentes carentes;

III – a promoção e a integração ao mercado de trabalho;

IV – a habilitação e reabilitação de pessoas portadoras de deficiência e a promoção de sua integração à vida comunitária;

V – a garantia de um salário mínimo de benefício mensal à pessoa portadora de deficiência e ao idoso que comprovem não possuir meios de prover à própria manutenção ou tê-la provida por sua família, conforme dispuser a lei.

Art. 227 – É dever da família, da sociedade e do Estado assegurar à criança, ao adolescente e ao jovem, com absoluta prioridade, o direito à vida, à saúde, à alimentação, à educação, ao lazer, à profissionalização, à cultura, à dignidade, ao respeito, à liberdade e à convivência familiar e comunitária, além de colocá-los a salvo de toda forma de negligência, discriminação, exploração, violência, crueldade e opressão.

1.2 Fundamentos legais da assistência social

Lei Orgânica da assistência social – Lei no 8.742 de 7/12/1993 – dispõe sobre a organização da assistência social e dá outras providências.

*Estatuto da criança e do adoles*cente – Lei no 8.069 de 13 de julho de 1990.

Lei 8.842, de 4 de janeiro de 1994 – (PNI) – dispõe sobre a política nacional do idoso, cria o Conselho Nacional do Idoso, e dá outras providências.

Lei 9.608, de 18 de fevereiro de 1998 – dispõe sobre o serviço voluntário, e dá outras providências.

RESOLUÇÕES DO CONSELHO NACIONAL DE ASSISTÊNCIA SOCIAL – CNAS

Política Nacional de Assistência Social – PNAS (Resolução 145/2004 CNAS).

Normas de Tipificação da Assistência Social (Resolução n. 109, de 25/11/2009).

* Para informações gerais e atualizações de ordem legal, consultar os sites do Ministério do Desenvolvimento Social (www.mds.gov.br) e do Conselho Nacional de Assistência Social (www.mds.gov.br/cnas)

ANEXO 2

FICHA DE FAMÍLIA

1 Dados de identificação (do responsável)

Nome:

Data nascimento:

Endereço:

Profissão:

Escolaridade:

RG:

CPF:

Nome do cônjuge ou companheiro(a):

2 Situação econômica e social

( ) Empregado(a). Remuneração: R$

( ) Desempregado(a)

( ) Aposentado(a). Remuneração: R$

( ) Trab. eventual:

( ) Bolsa Família: R$

( ) NIS

( ) Está matriculada em posto de saúde? Sim ( ) não ( )

Qual o posto?

Problemas atuais que estão preocupando a família e como pretende resolvê-los:

_____

Observação: Se recebe Bolsa Família, já é cadastrado no CRAS - Centro de Referência de Assistência Social, e deve estar inteirado de todos os programas do governo, inclusive deve ter recebido visita técnica do assistente social. Caso não tenha essas informações, a instituição deve orientar a ida ao CRAS mais próximo para ter acesso aos benefícios governamentais.

3 Renda familiar: R$

4 Residência:

( ) Própria

( ) Cedida

( ) Área verde (invasão)

( ) Alugada R$

5 Situação habitacional:

Água: ( ) Canalizada ( ) Não canalizada

Energia elétrica: ( ) Regularizada ( ) Não regularizada

Instalação sanitária: ( ) Chuveiro ( ) Vaso sanitário

Telefone:

( ) Não possui

( ) Fixo:

( ) Celular:

6 Recebe auxílio de outras instituições?

( ) Não ( ) Sim Qual?

7 Composição familiar:

Nº Nome:

Parentesco:

Data de nascimento:

Escolaridade:

Profissão:

Sugestão: Inserir grade com discriminação dos dependentes.

DATA:

Entrevistado por:

Visita à família feita por:

1ª_____ data_____

2ª_____ data_____

3ª_____ data_____

ANEXO 3

TERMO DE ADESÃO AO SERVIÇO VOLUNTÁRIO

Nome:

Identidade:

CPF:

Endereço:

Bairro:

CEP:

Telefone:

Tipo de serviço que o(a) voluntário vai prestar:

_____
_____
_____
_____
_____

Instituição onde o voluntário vai prestar o serviço:

Nome:

Endereço:

CNPJ:

Declaro que estou ciente dos termos da Lei do Serviço Voluntário, nº 9.608, de 18 de fevereiro de 1998.

Localidade,   de   de

_____
Assinatura do(a) voluntário(a)

_____
(*)Nome do responsável (*) Assinatura do responsável

_____
Responsável pela Instituição / Cargo

1ª Testemunha: _____

2ª Testemunha: _____

3ª Testemunha: _____

(*) No caso de voluntário(a) menor de idade.

Orientação à assitência e promoção social espírita				
EDIÇÃO	IMPRESSÃO	ANO	TIRAGEM	FORMATO
1	1	2018	2.500	17x25
1	IPT*	2023	200	17x25
1	IPT	2024	90	17x25
1	IPT	2025	100	17x25

*Impressão pequenas tiragens

O EVANGELHO NO LAR

Quando o ensinamento do Mestre vibra entre quatro paredes de um templo doméstico, os pequeninos sacrifícios tecem a felicidade comum.[1]

Quando entendemos a importância do estudo do Evangelho de Jesus, como diretriz ao aprimoramento moral, compreendemos que o primeiro local para esse estudo e vivência de seus ensinos é o próprio lar.

É no reduto doméstico, assim como fazia Jesus, no lar que o acolhia, a casa de Pedro, que as primeiras lições do Evangelho devem ser lidas, sentidas e vivenciadas.

O espírita compreende que sua missão no mundo principia no reduto doméstico, em sua casa, por meio do estudo do Evangelho de Jesus no Lar.

Então, como fazer?

Converse com todos que residem com você sobre a importância desse estudo, para que, em família, possam compreender melhor os ensinamentos cristãos, a partir de um momento de união fraterna, que se desenvolverá de maneira harmônica e respeitosa. Explique que as reflexões conjuntas acerca do Evangelho permitirão manter o ambiente da casa espiritualmente saneado, por meio de sentimentos e pensamentos elevados, favorecendo a presença e a influência de Mensageiros do Bem; explique, também, que esse momento facilitará, em sua residência, a recepção do amparo espiritual, já que auxilia na manutenção de elevado padrão vibratório no ambiente e em cada um que ali vive.

Convide sua família, quem mora com você, para participar. Se mora sozinho, defina para você esse momento precioso de estudo e reflexões. Lembre-se de que, espiritualmente, sempre estamos acompanhados.

Escolha, na semana, um dia e horário em que todos possam estar presentes.

---

[1] XAVIER, Francisco Cândido. *Luz no lar*. Por Espíritos diversos. 12. ed. 7. imp. Brasília: FEB, 2018. Cap. 1.

O tempo médio para a realização do Evangelho no Lar costuma ser de trinta minutos.

As crianças são bem-vindas e, se houver visitantes em casa, eles também podem ser convidados a participar. Se não forem espíritas, apenas explique a eles a finalidade e importância daquele momento.

O seguinte roteiro pode ser utilizado como sugestão:

1. Preparação: leitura de mensagem breve, sem comentários;
2. Início: prece simples e espontânea;
3. Leitura: *O evangelho segundo o espiritismo* (um ou dois itens, por estudo, desde o prefácio);
4. Comentários: breves, com a participação dos presentes, evidenciando o ensino moral aplicado às situações do dia a dia;
5. Vibrações: pela fraternidade, paz e pelo equilíbrio entre os povos; pelos governantes; pela vivência do Evangelho de Jesus em todos os lares; pelo próprio lar...
6. Pedidos: por amigos, parentes, pessoas que estão necessitando de ajuda...
7. Encerramento: prece simples, sincera, agradecendo a Deus, a Jesus, aos amigos espirituais.

As seguintes obras podem ser utilizadas nesse momento tão especial:

- *O evangelho segundo o espiritismo*, como obra básica;
- *Caminho, verdade e vida; Pão nosso; Vinha de luz; Fonte viva; Agenda cristã.*

Esse momento no lar não se trata de reunião mediúnica e, portanto, qualquer ideia advinda pela via da intuição deve permanecer como comentário geral, a ser dito de maneira simples, no momento oportuno.

No estudo do Evangelho de Jesus no Lar, a fé e a perseverança são diretrizes ao aprimoramento moral de todos os envolvidos.

FEB editora
Livro espírita para um novo mundo
www.febeditora.com.br
@febeditoraoficial
@febeditora

Conselho Editorial:
Carlos Roberto Campetti
Cirne Ferreira de Araújo
Evandro Noleto Bezerra
Geraldo Campetti Sobrinho – Coord. Editorial
Jorge Godinho Barreto Nery – Presidente
Maria de Lourdes Pereira de Oliveira
Miriam Lúcia Herrera Masotti Dusi

Produção Editorial:
Elizabete de Jesus Moreira

Equipe de Elaboração:
Gislaine Messias de Lima
José Carlos da Silva Silveira
Márcia Regina Pini
Maria de Lourdes Pereira de Oliveira

Revisão:
Elizabete de Jesus Moreira
Jorge Leite de Oliveira

Diagramação:
Rones José Silvano de Lima – instagram.com/bookebooks_designer

Capa:
Thiago Pereira Campos

Projeto Gráfico:
Luciano Carneiro de Holanda
Luisa Jannuzzi Fonseca

Normalização Técnica:
Biblioteca de Obras Raras e Documentos Patrimoniais do Livro

Esta edição foi impressa no sistema de Impressão pequenas tiragens, em formato fechado de 170x250 mm e com mancha de 130x205 mm. Os papéis utilizados foram o Offset 75 g/m² para o miolo e o Cartão 250 g/m² para a capa. O texto principal foi composto em fonte Minion Pro Regular 11,5/14,5 e os títulos em Zurich Lt BT Light 22/26,4. Impresso no Brasil. *Presita en Brazilo.*